MW00979421

L'ART DE VIVRE DU TAO

« *Spiritualités vivantes* »

L'ART DE VIVRE DU TAO

Poèmes traduits du chinois et présentés
par Hervé Collet
et Cheng Wing fun

Albin Michel

Albin Michel
■ *Spiritualités* ■

Collection «Spiritualités vivantes»
dirigée par Jean Mouttapa et Marc de Smedt

Sommaire

Préface

Chuang-tzu (4ᵉ siècle av. notre ère), «l'homme vrai du Pays des fleurs du sud», sage taoïste bien connu, est l'auteur de l'ouvrage éponyme qui a exercé la plus profonde influence, poétique et philosophique, sur la littérature chinoise, dont il est le premier chef-d'œuvre. À la suite de son prédécesseur Lao-tzu (5ᵉ siècle av.), «le Vieux sage», auteur légendaire du *Classique du tao et de ses vertus*, Chuang-tzu a évoqué les vertus de l'accord au cours des choses, au flux de l'instant éternellement présent. La voie de l'accord au cours des choses, telle est la meilleure définition, poétiquement parlant, traduction même, du mot tao. Mais laissons Chuang-tzu nous préciser les choses[1] :

---

1. Les passages qui suivent sont extraits de *Chuang tzu, Tao l'accord au monde*, Éd. Moundarren, 2008.

9

Shun tenta de céder l'empire à Shan Ch'uan, mais Shan Ch'uan lui dit :

« Je me tiens au beau milieu de l'univers. Les jours d'hiver, je me vêts de peaux et de fourrures, les jours d'été de feuilles de vigne et de chanvre. Au printemps, je laboure et sème, cela donne à mon corps le travail et l'exercice dont il a besoin. En automne, je récolte et engrange, cela donne à mon corps le loisir et la subsistance dont il a besoin. Quand le soleil se lève, je sors travailler, quand le soleil se couche, je rentre me reposer. Je vagabonde libre et à l'aise entre ciel et terre, mon esprit a trouvé ce à quoi il aspirait. Quel usage pourrais-je faire de l'empire ? Quel dommage que tu ne comprennes rien à tout cela ! »

Shan Ch'uan refusa donc et s'en alla, s'enfonçant au profond des montagnes. Personne ne sut jamais où il était parti.

Racine du ciel déambulait sur le versant ensoleillé de la montagne Yin. Quand il atteignit la berge de la Rivière aux renouées, il rencontra l'Homme sans nom et l'interrogea :

« Puis-je vous demander comment gouverner le monde ? »

L'Homme sans nom répondit : « *Dégage de mon chemin, misérable ! Quelle est cette sinistre question ? Je suis sur le point, accordé à la création, de m'envoler avec l'oiseau léger et leste au-delà des six directions et d'aller me promener jusqu'au village du néant au milieu des champs de l'infini. Qu'est-ce qui te prend de venir ainsi m'importuner avec cette question de gouverner le monde ?* »

Racine du ciel répéta néanmoins sa question. L'Homme sans nom lui dit alors : « *Laisse ton esprit vagabonder dans la simplicité, mêle ton souffle à l'immensité, accorde-toi au cours des choses telles qu'elles sont et ne laisse aucune place aux opinions personnelles. Alors le monde sera gouverné.* »

« *Ne sois pas un quêteur de gloire, ne sois pas une fabrique à manigances. Ne sois pas un entrepreneur de projets, ne sois pas un propriétaire de sagesse. Embrasse au maximum ce qui est sans limites et vagabonde là où il n'y a aucune piste. Accepte tout ce que tu reçois du ciel, mais ne pense surtout pas que tu as reçu quoi que ce soit. Sois vacant, c'est tout. L'homme parfait utilise son esprit comme un miroir, il ne recherche rien, ne retient rien, répond sans rien garder. Ainsi agit-il sans effort et reste-t-il sain et sauf.* »

Savoir voyagea au nord jusqu'aux rives des Eaux noires, gravit la butte des Hauteurs cachées, et là par hasard rencontra Rien à dire. Savoir dit à Rien à dire :

« Il y a plusieurs choses que j'aimerais te demander. Quelle sorte de spéculation, quelle sorte de délibération cela demande-t-il pour connaître le tao ? Quelle sorte de circonstances, quelle sorte de pratique cela demande-t-il pour trouver le repos dans le tao ? Quelle sorte de chemin, quelle sorte de procédure permettent d'atteindre le tao ? »

Aux trois questions qu'il posa Rien à dire ne répondit pas. Ce n'est pas qu'il ne voulait pas répondre, mais plutôt qu'il n'avait rien à répondre.

Savoir, ne parvenant à obtenir la moindre réponse, retourna au palais impérial, où il fut reçu en audience par l'Empereur jaune à qui il posa les mêmes questions. L'Empereur jaune répondit :

« C'est seulement quand il n'y a plus ni spéculation ni délibération qu'on parvient à connaître le tao, quand on n'a besoin d'aucune circonstance particulière et qu'on ne suit aucune pratique qu'on trouve le repos dans le tao, quand il n'y a plus ni chemin ni procédure qu'on peut atteindre le tao. Cela dit, ceux qui savent ne parlent pas et ceux qui

parlent ne savent pas. C'est pourquoi le sage pratique l'enseignement silencieux.»

« Contraindre sa volonté pour sublimer ses actes, vivre à l'écart du monde et à part de ses mœurs, éloquent dans le discours, l'air accusateur et critique, l'indignation pour seule préoccupation, telle est la vie dont raffole le lettré de la vallée, l'homme qui condamne le monde, celui qui, las et hagard, envisage d'en finir en plongeant dans l'immensité.

Discourir sur la charité et la moralité, la loyauté et la fidélité, en étant courtois, tempéré, modeste et déférent, l'éducation morale pour seule préoccupation, telle est la vie dont raffole le lettré dont le but est de ramener l'ordre dans le monde, l'homme qui enseigne la vertu, celui qui, chez lui ou en voyage, ne vit que pour l'étude.

Parler de grands accomplissements, gagner une grande réputation, définir l'étiquette de souverain et de sujet, régler la position du supérieur et de l'inférieur, l'ordonnancement de l'État pour seule préoccupation, telle est la vie dont raffole le lettré conseiller à la cour, l'homme qui honore son souverain et sert son pays, celui qui délivre les compliments et annexe les territoires.

Entretenir les fourrés et les mares, vivre oisivement dans un lieu sauvage, pêcher à la ligne dans des endroits solitaires, le non-agir pour seule préoccupation, telle est la vie dont raffole le lettré des rivières et des lacs, l'homme qui se retire du monde, celui qui, oisif, jamais ne se presse.

Haleter, souffler, saluer, déglutir, expulser le vieux souffle et faire rentrer le nouveau, pratiquer les suspensions d'ours et les étirements d'oiseau, la longévité pour seule préoccupation, telle est la vie dont raffole le lettré qui pratique les exercices taoïstes, l'homme qui nourrit son corps, celui qui espère vivre aussi vieux que Peng-tzu[1].

Mais sublimer ses actes sans contraindre sa volonté, enseigner la vertu sans recourir à la charité et à la moralité, instaurer un ordre juste sans y chercher le moindre mérite ni une quelconque gloire, accéder à l'oisiveté sans rivières ni lacs, obtenir la longévité sans exercices taoïstes, perdre tout et par là même posséder tout, à l'aise dans l'illimité, là où toutes les choses spontanément coopèrent, telle est la voie du ciel et de la terre, la voie qu'emprunte le sage. »

---

1. Peng-tzu, personnage de la mythologie chinoise, symbole de longévité. Il aurait vécu 777 ans.

Telle est la voie du poète. La voie suprême de la liberté poétique. En réponse à un poème de son ami le magistrat Chang, Wang Wei (701-761) composa :

réponse à Chang le magistrat

sur mes vieux jours je n'aime que la quiétude
les dix mille choses ne m'encombrent plus le cœur
je me retrouve sans projet durable,
je sais seulement que je retourne dans l'ancienne
    forêt
le vent souffle dans les pins, je dénoue ma ceinture
la lune brille sur la montagne, je joue du ch'in[1]
tu demandes le pourquoi de la réussite et de l'échec
le chant du pêcheur s'éloigne le long de la rive

Le propos de cet ouvrage est d'illustrer cette voie selon sept perspectives poétiques : la cabane, la cuisine, le vin et l'ivresse, le thé, les livres, la musique et la visite à un maître taoïste ou

---

1. Le ch'in est une sorte de cithare allongée sur laquelle sont tendues cinq cordes de soie.

bouddhiste[1]. De décliner l'art de vivre selon le tao, tel que l'ont décrit, entre les 4e et 18e siècles, les grands poètes chinois dans les poèmes rassemblés dans ce recueil. Il y a là, de façon incontestable, matière à s'émerveiller et à se réjouir.

Comme s'est sans doute réjoui Chin Kuan à la lecture d'une lettre que lui adressa son ami Su Tung-po (1037-1101), célèbre poète, peintre et homme d'État, alors en exil à Huang-chow, au bord du Long fleuve.

« Sur la rive en face de celle où j'habite est située Wu-chang. Le paysage des montagnes et des eaux y est prodigieux. Il y a dans la ville un homme du pays de Shu, Wang. Souvent, quand vent et vagues m'empêchent de rentrer, Wang pour moi va tuer un poulet et cuire du millet. Je peux rester chez lui plusieurs jours, cela ne le dérange pas. Il y a aussi Pan, qui tient une taverne à vin à l'embarcadère de Fankou. Sur une petite barque je rame directement

---

1. Dans un précédent ouvrage, *L'art de la sieste et de la quiétude*, Albin Michel, 2010, nous avons déjà abordé deux autres versants de cet art de vivre.

jusqu'à son échoppe. *Le vin du village a du corps,*
mandarines et kakis abondent. Les taros ont plus
d'un pied de long, ils n'ont rien à envier à ceux du
pays de Shu. Le riz, qui vient d'autres régions par
voie d'eau, ne coûte que vingt sapèques le boisseau.
La viande de mouton vaut celle du nord, porc, bœuf
et chevreuil sont bon marché, poissons et crabes ne
coûtent presque rien. Hu Ting-chih, l'inspecteur du
Bureau du vin de Chi-ting, a apporté avec lui dix
mille livres qu'il prend plaisir à prêter à ses amis.
Il y a à Huang-chow plusieurs officiels en fonction,
tous sont doués pour la cuisine et aiment offrir des
banquets. Tu peux sentir d'après tout cela que ma
vie se passe de façon plutôt agréable. J'aurais aimé
parler plus avec toi de ces innombrables choses, mais
la feuille de papier se termine. Quand tu auras lu
cette lettre, je t'imagine en train de lisser ta barbe,
souriant d'acquiescement. »

Vivre, exister, participer à la manifestation
générale selon le tao est un art, c'est-à-dire, étymologiquement, une manière de s'adapter, de
s'accorder au cours des choses, en pratiquant
certains rites (même étymologie que « art ») poétiques facilitant tant l'ouverture au monde que le

recueillement, tant un détachement complet qu'une participation totale. Dans les mots de Pang Yun (740-808), connu sous le nom zen de laïc Pang, cela donne :

mes activités quotidiennes n'ont rien de spécial
je vis simplement, en harmonie avec elles,
ne m'attachant à rien, ne rejetant rien,
n'embellissant rien, ne dépréciant rien
les vêtements mandarinaux pourpres et vermillon,
   peu m'en chaut
sur la montagne bleue, nulle poussière
pouvoir miraculeux, merveilleuse activité,
puiser de l'eau, ramasser du bois

1. La cabane

À l'automne de la onzième année de l'ère Yuan-ho, c'est-à-dire en l'an 816, Po Chu-yi (772-846), dit Po Lo-tien (« Celui qui jouit du ciel »), le célèbre mandarin et sublime poète, alors exilé pour raisons politiques à Hsun-yang, chef-lieu du district de Chiang-chou, au bord du Long fleuve, à trente li[1] au nord du Lu-shan, la montagne des Huttes, où sont nichés de nombreux temples et ermitages et qui domine le Long fleuve et le lac Po-yang, Po Chu-yi donc compose ce « Récit de ma chaumière du Lu-shan » :

« La beauté du Lu-shan est à nulle autre pareille sous le ciel. Le pic au nord s'appelle le pic du Brûle-encens, le temple au nord s'appelle le temple de la Bienveillance léguée. Entre le pic et le temple, le paysage est magnifique, le plus beau de tout le

---

1. Un li représente envron cinq cents mètres.

19

Lu-shan. L'automne de la onzième année de l'ère Yuan-ho, Po Lo-tien, originaire de Tai-yuan, voyant cet endroit en tombe amoureux. Comme un voyageur qui, passant par son pays natal après un long périple, aimanté ne peut se résoudre à repartir. C'est ainsi que face au pic, dans les parages du temple, j'entrepris de construire une chaumière.

Un an après, au printemps la chaumière est terminée. Trois portées, plusieurs piliers, deux pièces, quatre fenêtres. Dimensions et aménagements sont faits pour correspondre à mes goûts et à mes moyens. Une porte ouvre au nord, pour faire rentrer le vent frais lors des journées chaudes de l'été. Le faîte du sud est rehaussé, pour accueillir le soleil lorsqu'il fait froid. Les poutres sont taillées brutes, sans peinture, les murs juste plâtrés, sans crépi. Des blocs de pierre pour marches, du papier en guise de vitre aux fenêtres, des stores en bambou et des tentures en chanvre, tout est fait avec des moyens de fortune. Dans la salle sont installées quatre couchettes en bois, deux paravents simples, un ch'in laqué, des livres confucéens, taoïstes et bouddhistes, deux ou trois rouleaux de chaque.

En maître du lieu, je lève la tête pour contempler les montagnes, baisse la tête pour écouter les sources, parcours du regard les bambous, les arbres, les nuages et les rochers. Du matin au soir, je n'ai pas une minute de libre. Dès qu'une chose m'invite, mon esprit instantanément la suit. Dans cet environnement plaisant, en mon for intérieur je suis en paix. Une nuit passée ici, et mon corps est reposé. Deux nuits, et mon cœur est apaisé. Trois nuits, et je suis complètement à mon aise, le cœur libre. J'ignore pourquoi, mais c'est ainsi.

Si je me demande quelle en est la raison, je répondrai à peu près ceci. Devant la maison il y a un terrain plat d'une centaine de pieds carrés, au milieu duquel se trouve une terrasse qui en occupe la moitié. Au sud de la terrasse, un étang carré, dont la taille est le double de celle de la terrasse. Autour de l'étang, des bambous et des fleurs sauvages. Dans l'étang, des lotus blancs et des poissons blancs. Encore plus au sud, coule un torrent rocheux, dont les rives sont bordées de pins antiques et de cèdres séculaires, aux troncs si larges qu'il faudrait dix personnes pour en faire le tour, et hauts de plusieurs centaines de pieds. Les branches supérieures frôlent les nuages, les branches basses effleurent l'eau du torrent. Certains ressemblent à des bannières dressées, d'autres se déploient comme des parasols, d'autres ressemblent à des dragons ou des serpents en train de courir. Au pied des pins, des buissons, des plantes grimpantes et des lierres entremêlés font écran, la lumière du soleil et de la lune n'y pénètre pas. En plein été, l'air y est celui de l'automne. J'y ai disposé des pierres blanches pour en marquer l'accès.

À cinq pas au nord de la chaumière, une falaise s'étage sur plusieurs niveaux, avec des creux et des corniches agrémentés d'une grande variété d'arbres et de plantes. L'ombrage de cette verdure dense est ponctué d'une profusion de fruits rouges, dont j'ignore le nom et qui restent de la même couleur pendant les quatre saisons. Il y a aussi une source et quelques théiers. On peut y préparer le thé. Ceux qui apprécient ce genre de plaisir peuvent passer là une journée entière.

À l'est de la chaumière une cascade haute de trois pieds éclabousse le coin du perron, puis coule dans une rigole en pierre. Du matin au soir l'eau y a la couleur de la soie blanche, la nuit, elle résonne comme du jade, comme un ch'in.

La façade ouest de la chaumière est adossée à la base de la falaise du nord. J'ai construit une structure aérienne avec des bambous fendus pour canaliser la source de la falaise jusqu'à la chaumière, où elle se divise en plusieurs conduits, dont l'un coule du toit et asperge le perron. Des gouttelettes d'eau, comme des perles enfilées, bruinent comme de la rosée, se déposent sur le sol et s'évaporent avec le vent.

Des quatre côtés, aussi loin que mes oreilles, mes yeux, ma canne et mes souliers peuvent aller, au printemps j'admire les fleurs dans la vallée du Brocart, en été les nuées du précipice de la Porte en pierre, en automne la lune au-dessus du torrent du Tigre, en hiver la neige sur le pic du Brûle-encens. Temps couvert ou beau temps, à découvert ou caché, au crépuscule ou à l'aube, fermé ou épanoui, mille changements, dix milles formes, impossible de les décrire de façon exhaustive. En un mot, ce paysage est le plus beau du Lu-shan.

En général lorsqu'un homme acquiert une maison, la meuble d'un lit et de sièges et vit au milieu, il ne peut s'empêcher de manifester un soupçon de fierté et d'orgueil. Aujourd'hui me voilà donc maître de ce lieu, où les choses, chacune à sa façon, me permettent d'approfondir ma compréhension. Comment pourrais-je ne pas être en accord avec un tel environnement, dans la paix intérieure, ni avoir le corps au repos et le cœur tranquille ? Jadis Hui-yung, Hui-yuan, Tsung-ping, Lei Tzu-tsung, dix-huit hommes en tout se retirèrent dans cette montagne et, sans jamais en ressortir, y vieillirent et y moururent. Ils vécurent il y a mille années, bien avant moi certes, mais je comprends leur sentiment.

De plus, quand j'y repense, depuis mon jeune âge jusqu'à mes vieux jours, où que j'aie habité, que ce soit une maison humble ou une résidence au portail vermillon, au bout d'à peine une journée ou deux je commence à transporter des paniers de terre pour construire une terrasse, à ramasser des pierres grosses comme le poing pour ériger une montagne minia-ture, à creuser pour aménager un étang, si excessif est mon amour pour les paysages de montagnes et d'eaux. Et puis un beau jour, tombé en disgrâce, je suis nommé ici assistant du gouverneur de Chiang-chou. Ce dernier, tenant à me réconforter, me traite avec indulgence. Le Lu-shan peut ainsi m'offrir toute sa splendeur. Le ciel me donne du temps, la terre m'a procuré le lieu, au bout du compte j'ai là ce que j'aime, que demanderais-je de plus ?

Cela dit, mon poste d'officier surnuméraire me contraint encore à accomplir certaines tâches, pour lesquelles je dois faire de multiples allées et venues, ce qui m'empêche de m'installer ici tranquillement. J'attends donc le jour où mes jeunes frères et sœurs seront tous mariés et ma fonction touchera à son terme, je pourrai alors enfin choisir librement où aller et où rester. Sur ce, tenant ma femme par la main gauche et portant mes livres de musique dans la main droite, je viendrai passer mes vieux jours ici, accomplissant ainsi mon vœu de toujours. J'en prends pour témoins la source limpide et ses pierres blanches.»

J'ai emménagé
(Tao Yuan-ming)

jadis je désirais habiter au village du sud
non par choix divinatoire d'une maison,
mais parce que j'avais entendu dire qu'il y avait
    là beaucoup de gens au cœur simple,
avec qui me réjouir à passer matinées et soirées
cette envie m'a habité pendant des années
je viens enfin de réaliser ce projet
une humble hutte, inutile qu'elle soit spacieuse,
il suffit qu'elle abrite juste un lit et des sièges
les voisins viennent souvent me rendre visite
notre discussion animée évoque les choses
    du passé
ensemble nous apprécions la belle littérature
les passages difficiles ensemble nous élucidons

Retournant vivre au jardin et au champ
(Tao Yuan-ming)

jeune, déjà mon tempérament ne s'adaptait
    guère au monde
ma nature originelle aimait les montagnes
par mégarde j'ai été pris dans les filets
    du monde de poussière,
treize années durant je me suis absenté
mais l'oiseau dans la cage a la nostalgie
    de son ancienne forêt,
et le poisson dans le bassin songe à la gorge
    profonde d'autrefois
maintenant je défriche la terre au sud
entretenant ma rudesse, je suis retourné
    au jardin et au champ
le terrain où je demeure est grand d'une dizaine
    d'arpents,
ma chaumière a huit ou neuf pièces
un orme et un saule abritent l'arrière-toit,
un pêcher et un prunier sont disposés devant
    la salle de séjour
obscur, indistinct, un village au lointain

les fumées du hameau, légères, s'élèvent
un chien aboie dans une allée profonde
un coq chante au sommet d'un mûrier
dans la cour de la maison nulle poussière,
    nulle souillure
dans ma chambre dépouillée abonde la quiétude
longtemps j'ai été enfermé dans une cage
enfin je retourne à la nature

Ma villa au mont Chung-nan
(Wang Wei)

au milieu de ma vie je me suis épris du tao
sur mes vieux jours j'habite au pied
   de la montagne du sud
quand l'envie me prend, solitaire je m'y rends
de choses si merveilleuses je suis le seul à jouir
je marche jusqu'à la source
assis, je regarde les nuages qui s'élèvent
par hasard je rencontre un vieux bûcheron
nous parlons, nous rions, oubliant le retour

Le 3ᵉ jour, rendant visite à Li le 9ᵉ dans son hameau
(Chang Ch'ien)

la pluie vient de cesser sur le bosquet de saules
    à l'embarcadère de l'est
troisième jour du troisième mois, vogue
    ma barque légère
la maison de mon vieil ami, là où il y a
    des pêchers sur la berge
en suivant le courant de la rivière on arrive
    directement devant le portail

Sur la balustrade au-dessus de l'eau,
mon cœur s'allège
(Tu Fu)

loin des portes de la ville, une véranda spacieuse
je contemple au loin, nul village
la rivière limpide atteint presque le haut
   de la berge
les arbres sont luxuriants, le soir leurs fleurs
   sont exubérantes
sous la pluie fine les poissons frétillent
dans la brise légère les hirondelles volent
   à l'oblique
en ville, dix fois dix mille foyers
ici, deux ou trois maisons

Des visiteurs me rendent successivement visite
(Tu Fu)

pauvre, vieux, vraiment sans affaire,
dans la montagne au bord de la rivière je suis
    bien installé
l'endroit est reculé, j'oublie de me laver et
    de me coiffer
un visiteur arrive, je pose mon ch'in[1] et
    mes livres,
et du mur décroche le panier de fruits
j'appelle le garçon et lui demande de cuire
    un poisson
c'est alors que j'entends qu'on attache
    une barque
quelqu'un d'autre vient me rendre visite
    dans ma chaumière

---

1. Le ch'in est, rappelons-le, une sorte de cithare à cinq
cordes de soie, l'instrument par excellence du lettré.

田舍

田舍清江曲　柴門古道旁

草深迷市井　地僻懶衣裳

櫸柳枝枝弱　枇杷樹樹香

鸕鶿西日照　曬翅滿魚梁

Ma hutte campagnarde

Ma hutte campagnarde
(Tu Fu)

ma hutte campagnarde se trouve dans
    un méandre de la rivière limpide
le portail en branchages est au bord d'un sentier
    antique
les herbes hautes cachent le chemin vers
    le marché du village
l'endroit est à l'écart, nul besoin de se soucier
    de l'habillement
les saules ont des branches frêles,
les néfliers des fruits parfumés
les cormorans, illuminés par le soleil à l'ouest,
déploient leurs ailes pour les réchauffer au soleil,
    elles couvrent les radeaux des pêcheurs

Visite à Lu Hung-ch'ien sans le rencontrer
(Chia Yan)

tu as déménagé près du rempart de la ville,
    pourtant,
le sentier est sauvage, au milieu des mûriers
    et du chanvre
récemment tu as planté des chrysanthèmes
    le long de la haie
l'automne arrive, ils n'ont pas encore fleuri
je frappe au portail, aucun chien n'aboie
sur le point de partir j'interroge le voisin à l'est
il répond : « il est parti dans la montagne,
il revient toujours quand le soleil décline »

Au pied du pic du Brûle-encens
je viens d'installer ma chaumière.
Pour célébrer l'événement
et exprimer ma pensée,
sur un rocher j'inscris ce poème
(Po Chu-yi, dit Po Lo-tien)

au nord du pic du Brûle-encens,
à l'ouest du temple de la Bienveillance léguée
    à la postérité,
là où brillent des cailloux d'une blancheur
    éclatante,
au bord d'un cours d'eau limpide qui coule
    en murmurant,
il y a là plusieurs dizaines de pins,
il y a là mille bambous
les pins ouvrent leur ombrelle émeraude,
les bambous dressent leur beau jade vert
jusque-là personne n'a habité en dessous
n'est-ce pas là chose regrettable ?
parfois s'y rassemblent les singes et les oiseaux
toute la journée, seuls le vent et la brume
c'est alors qu'un ermite,

nommé Po Lo-tien,
qui de sa vie ne s'est jamais entiché de rien
   en particulier,
voit cet endroit, tout de suite son cœur
   s'y attache
comme si j'avais trouvé un coin de terre
   pour mes vieux jours,
j'en oublie aussitôt de rentrer
sur du roc je construis une chaumière,
taille dans une colline pour créer un jardin
   de thé en terrasse
avec quoi me rincé-je les oreilles ?
devant la maison, dans une rigole coule
   une source
avec quoi me purifié-je les yeux ?
au pied du perron poussent des lotus blancs
dans ma main gauche une gourde
dans ma main droite un ch'in
mon sentiment s'épanouit fièrement,
à séjourner ici en toute insouciance
ma joie est à son comble quand je chante
   en regardant le ciel,
mon chant exprime ma pensée
il dit que je suis originellement un homme sauvage,

tombé par erreur dans les filets du monde
en d'autres temps, jadis j'ai servi le souverain
vieilli, aujourd'hui je retourne dans la montagne,
comme un oiseau fatigué regagnant une forêt
    luxuriante,
un poisson assoiffé rejoignant une source limpide
à part ici, où pourrais-je donc aller ?
dans le monde des hommes les pièges
    sont innombrables

Au pied du pic du Brûle-encens
j'ai choisi récemment
d'installer ma demeure montagnarde.
La chaumière est maintenant terminée,
j'inscris ce poème impromptu sur le mur de l'est
(Po Chu-yi)

cinq écartements de piliers, trois pièces,
    ma nouvelle chaumière
le perron est en pierre, les piliers en cannelier,
    la clôture en bambou tressé
le toit au sud reçoit le soleil, les journées d'hiver
    seront douces
la porte au nord accueille le vent, les mois d'été
    seront frais
le perron est arrosé par les gouttes d'eau
    de la cascade,
les fenêtres effleurées par des bambous obliques
    en ordre dispersé
au printemps prochain j'aménagerai une aile
    à l'est de la maison

une chambre aux fenêtres en papier, un store
en roseau,
pour y accueillir ma Meng Kuang[1]

---

1. Meng Kuang et son mari Liang Hung (1er siècle) forment le couple archétypal de l'harmonie conjugale.

Le village dans la nuit
(Po Chu-yi)

dans les herbes desséchées qui foisonnent,
    les insectes stridulent
au sud du village, au nord du village,
    plus un seul passant
seul je sors devant le portail et contemple
    la campagne
la lune est claire, le sarrasin en fleurs comme
    de la neige

Journée d'été
(Po Chu-yi)

à la fenêtre à l'est, dans la soirée la chaleur
    s'est dissipée
à la porte au nord, la fraîcheur du vent
toute la journée assis ou allongé,
je ne quitte pas la pièce
quand à l'intérieur le cœur est libre
    de toute attache,
franchir la porte ou pas, quelle importance ?

Inscrit dans la demeure au bord du torrent
de Yuan le huitième
(Po Chu-yi)

une brume éparse monte du torrent, au milieu
    de rangées d'arbres étagées
j'aperçois d'abord une balustrade au-dessus
    de l'eau, puis une fenêtre s'ouvrant
    sur les montagnes
les feuilles sont vieilles déjà, pourtant des fleurs
    s'épanouissent encore sur les azalées rouges
les capsules d'automne commencent à se former
    sur les lotus blancs
le cri d'une grue millénaire arrive jusqu'à
    mon chevet
les pics des Cinq vieux se reflètent dans ma
coupe
en plus m'émeut l'attention empressée
    de mon hôte à me retenir
du poisson frais, du riz fin et un vin à l'arôme
    intense

Sans titre
(Han-shan)

poutres et chaume, la demeure de l'homme
    sauvage
devant la porte carrosses et chevaux se font rares
dans la forêt secrète les oiseaux se rassemblent
dans le torrent profond les poissons abondent
avec mon fils je cueille les fruits de la montagne
avec ma femme je laboure les rizières inondées
dans la maison qu'y a-t-il ?
juste un lit encombré de livres

釣閣

小閣恬幽尋　周遭萬竹森
誰知一沿内　亦有五湖心
釣直魚應笑　身閒樂自深
晚來春醉熟　香餌任浮沈

Le kiosque de pêche

Le kiosque de pêche
(Cheng Sun)

ce petit kiosque convient comme abri tranquille
tout autour dix mille bambous luxuriants
comment imaginer qu'avec un simple étang,
    on puisse ainsi avoir le sentiment
    des Cinq lacs?
l'hameçon est presque droit, les poissons
    doivent en rire
le corps oisif, la joie est naturellement profonde
soirée printanière, complètement ivre,
je laisse dériver l'appât parfumé

La véranda du sud (deux poèmes avec préface)
(Su Tung-po)

Je suis à mon bureau. À ma gauche les nuages blancs, à ma droite le fleuve limpide. Portes et fenêtres grandes ouvertes, la vue est directe sur les montagnes et les pics. Assis comme pensant à quelque chose mais en fait ne pensant à rien, j'absorbe librement la bonté de la nature.

1er poème

auparavant, les nuits de pluie, agacé je déplaçais
    le lit
je restais assis, excédé par ce son triste
    qui gouttait dans mes entrailles
quand pour la première fois j'ai entendu retentir
    les tuiles neuves de la véranda du sud,
c'était comme si je sentais le parfum
    des jeunes lotus de l'étang à l'est

2ᵉ poème

un montagnard a récolté pour moi le miel
    de mille ruches
les enfants viennent de préparer un arpent
    pour le potager
la véranda du sud est sans doute digne d'accueillir
    des invités
au portail les carrosses des vieux amis
    ne manqueront pas

À Tu Kuang-ting
(Chang Ling-wen)

pose-toi la question, être ministre à la cour,
ou être un immortel dans la forêt, peut-on
   comparer?
un pichet de bon vin, un fourneau pour l'élixir,
le bonheur de s'endormir en pleine journée
   en écoutant le vent dans les pins

Écrit au pavillon du sud, à He-chow
(Huang Ting-ch'ien)

je regarde alentour, la lumière des montagnes
    se mélange à la lumière de l'eau
accoudé à la balustrade, sur dix li[1] le parfum
    des lotus
le vent frais, la lune claire, personne n'y prête
    attention
au pavillon du sud ils prodiguent une exquise
    sensation de fraîcheur

---

1. Un li représente environ cinq cents mètres.

Le village de l'ouest
(Kuo Cheng-chen)

proches et lointains une nuée de temples
au village de l'ouest, huit ou neuf maisons
nulle part où trouver du poisson
pour aller acheter du vin on s'enfonce
    dans les roseaux en fleurs

Le soir à la fenêtre
(Lu Yu)

dans la crique les fleurs des pruniers sont déjà
    toutes fanées
sur quelques tuiles du toit la neige de printemps
    n'a pas encore fondu
le soir, à la fenêtre, me prend soudain l'envie
    de composer un poème
légèrement ivre je laisse libre cours à mon pinceau

Le petit kiosque sur le lac
(Lu Yu)

les raisins commencent à s'empourprer,
    les kakis deviennent rouges
accoudé à la balustrade du petit kiosque,
    un vent de dix mille li
il n'est guère étonnant que depuis cette année
    ma capacité en vin ait augmenté
ici je puis atteindre le grand vide

Après la pluie je me promène dans le jardin
(Lu Yu)

dans ce pays d'eau, le givre est tardif, les arbres
　　ne sont pas encore dépouillés
avec l'arrivée de l'automne je me rends compte
　　combien j'apprécie ma maison
le vert luisant des feuilles des bananiers incite
　　au jeu de l'encre
je m'amuse à calligraphier en style cursif près
　　de la fenêtre lumineuse

Au début de l'hiver
(Lu Yu)

le vent balaie les nuages bas, la pluie est oblique
un doux coup de rame dans le crépuscule « yi ai »
ivre mort, allongé je ne sais plus où je suis
quand je soulève l'auvent de la barque, elle arrive
déjà devant la maison

Aube de neige
(Lu Yu)

qui a transformé, autour du lac, en paravent
    de jade blanc,
les dix mille replis verts des montagnes en face
    de la salle du sud?
ivre le vieillard, dans sa folie riant tout seul,
avec sa canne en bambou dessine des caractères,
    la cour en est toute remplie

Ouvrant la fenêtre
(Yuan Mei)

toute la nuit le vent cinglant et la pluie battante
je n'ose ouvrir ma porte rustique
les montagnes, comme si depuis longtemps
    je leur manquais,
quand je pousse la fenêtre me sautent en plein
    visage

Impromptu
(Yuan Mei)

je balaie oisivement le studio dépouillé et
    en chasse calmement les mouches
pour cultiver la vertu pourquoi devrait-on
    nécessairement être moine?
au milieu des orchidées odorantes qui embaument
    depuis trois jours,
je sens mon corps devenir léger, prêt à s'envoler

2. La cuisine

« *Je me suis promis, lorsque j'aurai atteint l'âge de soixante-dix ans, de me retirer sur le versant d'une montagne au-dessus de l'océan et d'y cultiver un petit jardin d'herbes culinaires, médicinales et psychédéliques. À côté du jardin je bâtirai une grange en bois de cèdre rouge, où des bottes de plantes en train de sécher pendront des poutres, et où, sur de longues étagères, seront alignés des bocaux et des bouteilles de douce-amère et de nard indien, de ginseng et de bois d'aloès, de lobélie, de mandragore et de cannabis, de menthe pouliot, de marrube et de reine des prés. Je tiendrai là aussi une cuisine-officine d'alchimiste avec une bibliothèque, et si le monde se fait par trop pressant, ma femme répondra aux visiteurs indésirables avec les mots du poème de Chia Tao "visite à un ermite sans le rencontrer"* » :

le maître est parti cueillir des herbes

je sais seulement qu'il est dans la montagne
les nuages sont profonds, on ne sait où

Au menu de ce chapitre, introduit par ces quelques lignes empruntées à Alan Watts, vieux sage taoïste devant l'éternel et cuisinier hors du commun, de la soupe de riz, un potage de taros, un bouillon de graines de pavot, une brème de la rivière Min et du porc de Tong-men, un gros crabe d'après le givre, des pousses de bambous, de fougères et de zizanies, des beignets de jeunes fleurs d'acacia et de cœur de palmier, du gingembre et des noix de ginkgo, une salade de jeunes renouées et de lis d'eau, des champignons de mûrier, et bien sûr des olives, pareilles à celles évoquées par le poète, peintre et philosophe Su Tung-po (1037-1101) :

les olives
de ces abondants fruits verts, saupoudrés
    de sel rouge,
le premier goût est dense, amer, âpre
on attend, une légère douceur monte d'entre dents
    et gencives,
plus suave que le miel des précipices d'emblée sucré

On ne saurait oublier, bien entendu, une coupe de bon vin de Lan-ling, parfumé au chèvrefeuille, de vin d'asparagus ou de vin de cornouilles, accompagnée de kakis, de litchis, de nèfles et d'arbouses, de jujubes et de pastèques. Les jours d'extrême exaltation on se contentera avec des herbes magiques, de celles qui manifestent l'âme, des pétales de chrysanthème et des mauves sauvages, du thé de Ting-heng dont on moud les jeunes bourgeons, et même, luxe suprême, de la rosée sur les fleurs des bananiers.

Végétarien ou pas, là est ou n'est pas la question, à laquelle chacun répond selon son sentiment. Pour mémoire citons le témoignage de Su Tung-po, encore lui, décidant de devenir végétarien après son expérience, pour raison politique, de la prison :

« Ce n'est pas que j'en attende la moindre récompense. Simplement, ayant expérimenté une telle anxiété et un tel danger pour moi-même quand j'avais l'impression d'être une volaille attendant dans la cuisine, je ne puis plus supporter d'infliger à la moindre créature vivante peur et souffrance dans le seul but de satisfaire mon palais. »

Ailleurs il précise :

« *Toute chose a un aspect attrayant qu'il vaut la peine de considérer, et tout ce qui est digne de considération peut apporter de la joie, pas seulement les choses extraordinaires, élaborées et ornementées. On peut devenir joyeusement ivre même avec du vin faible voire de la lie, et l'appétit peut être satisfait rien qu'avec des légumes, des baies et des noix. En fait, il n'y a nul endroit dans ce monde où l'on ne puisse se sentir heureux.* »

La cuisine, comme la poésie, étant affaire d'intuition, on ne trouvera dans ce chapitre aucune recette détaillée. Sinon celle, bien entendu, de la liberté, foncièrement poétique.

Composé pour m'amuser
(Meng Hao-jan)

invité, ivre je me suis endormi, je ne suis pas
    encore levé
mon hôte m'appelle pour soigner mon mal
    aux cheveux
il me dit que le poulet et le millet sont déjà cuits,
et ajoute que dans la jarre en grès le vin
    est limpide

Pour remercier le petit officiel de Chung-tu,
venu à mon auberge pour le voir
et m'offrir un gallon de vin et deux poissons
(Li Po)

le vin de Lu est comme de l'ambre
les poissons de la Wen un brocart d'écailles
    mauves
le généreux officiel du Shan-tung, à la noble allure,
en personne vient les offrir au voyageur
    du lointain
nos idées et nos tempéraments dans un élan
    mutuel s'accordent
la jarre de vin et les deux poissons témoignent
    de ton amitié sincère
leurs ouïes s'ouvrent et se ferment, leurs nageoires
    se déploient
ils fouettent le plateau en argent comme pour
    s'envoler
on appelle un garçon, il essuie la table, sa lame
    étincelante comme le givre tournoie et tranche

les chairs tombent comme des fleurs rouges
    sur une épaisse couche de neige blanche
en ton honneur j'y plante mes baguettes et
    mange à satiété
ivre tu remontes sur ta selle dorée et à cheval
    t'en retournes

豎子至

楂梨才綴碧　　梅杏半傳黃

小子幽園至　　輕籠熟奈香

山風榼滿把　　野露及新嘗

歌枕江湖客　　提攜日月長

Le garçon rentre

Le garçon rentre
(Tu Fu)

pêches et poires sont à peine ornées d'émeraude,
prunes et abricots à moitié colorés d'or
le jeune garçon revient du verger
du panier monte le parfum des pommes
    sauvages mûres
une pleine poignée renferme encore le vent
    de la montagne
la rosée rend leur goût plus frais
envers l'hôte des fleuves et des lacs, adossé à
    l'oreiller,
le soleil et la lune éternels sont à vrai dire
    bienveillants

La campagne en automne
(Tu Fu)

c'est l'automne, la campagne de jour en jour
   se flétrit
l'émeraude limpide de la rivière froide chatoie
j'ai amarré ma jonque près d'un bourg barbare,
et choisi une maison dans un village de Ch'u
les jujubes sont mûrs, je laisse les gens les gauler
les tournesols sont secs, je vais moi-même
   les déterrer
la nourriture dans mon assiette de vieillard,
je la partage avec les poissons de la rivière

Mangeant des pousses de bambou
(Po Chu-yi)

cette province est le pays des bambous
au printemps montagnes et vallées se couvrent
   de pousses de bambou
les montagnards les coupent par brassées,
et les emportent au marché pour les vendre
quand une chose est abondante, elle ne coûte
   pas cher
en échange de deux sapèques une botte
je les dépose dans la marmite,
et les cuis en même temps que le riz
l'écorce pourpre éclatée ressemble à un vieux
   brocart,
s'ouvrant sur une chair blanche comme un jade
   nouveau
j'en mange tous les jours copieusement
depuis un bon moment je n'ai même plus envie
   de viande
j'ai longtemps séjourné dans la capitale,
mais de ce goût j'ai rarement été rassasié

j'en mange à profusion, sans tergiverser,
d'autant que lorsque le vent du sud souffle,
il les transforme en bambous

Un mois de jeûne au milieu de l'été
(Po Chu-yi)

un mois de jeûne au milieu de l'été
durant trois fois dix jours je me suis abstenu
　　de viande
je me sens le cœur et l'os allègres
dès que je me lève mon corps est agile et léger
je commence à comprendre pourquoi ceux
　　qui s'abstiennent en plus de céréales
en ont les quatre membres encore plus dispos
　　et alertes
si au début on peut ainsi se libérer des maux
　　et des maladies,
au bout d'un moment on doit sans doute
　　devenir immortel
l'immortel Yu-kou chevauchait le vent doux,
l'immortel Pin rouge se promenait dans les nuées
　　pourpres
j'ai toujours trouvé ces légendes ridicules,
mais aujourd'hui j'en comprends enfin le sens
mon âge a dépassé la moitié de cent
le souffle faible, l'esprit divisé,

à mes deux temps la soie blanche déjà pendille,
j'ai du mal à préserver mes trois champs
    de cinabre[1]
il a suffi que je supprime les aliments alliacés
    et sanguins,
pour peu à peu renouer des liens avec la pureté
    et la quiétude
j'ai ôté mon bonnet d'officiel pour me consacrer
    à cultiver ma santé,
et finir ainsi les années que le ciel m'a accordées

---

1. Les trois champs de cinabre désignent les trois régions
du corps (cerveau, cœur, nombril) par lesquelles circule
l'énergie vitale.

Mal aux cheveux, improvisation
(Pi Jih-hsiu)

la forêt luxuriante peinte sur le paravent m'abrite
    de la lumière du jour
plusieurs bâtons d'encens dense soignent
    mon mal aux cheveux
comment se fait-il qu'à la tombée du soir
    j'ai à nouveau envie de boire?
de l'autre côté du mur j'entends crier
    le marchand de praires

Le 24ᵉ jour du 12ᵉ mois de la 7ᵉ année yuan-feng,
avec Liu Tsian-shu de Ssu-chow
je me rends sur la Montagne du sud
(Su Tung-po)

la pluie fine et le vent oblique créent
    un petit froid
dans la nuée légère des saules éparpillés,
    une magnifique éclaircie sur la plage
la limpide Lo rejoint la Huai au flot immense
écume neigeuse et fleurs laiteuses flottent
    dans ma tasse de thé de midi
une salade de jeunes renouées et de laitue,
    je déguste l'assiette printanière
dans la vie seule la joie frugale a de la saveur

Le soir du réveillon rendant visite à Chi-ye,
nous mangeons des taros grillés.
Composé en m'amusant.
(Su Tung-po)

avec le vent bruissent les pins dans la froideur
    du printemps
nous nous tenons compagnie, nos entrailles
    affamées grondent au milieu de la nuit
avec des bouses de vache séchées nous faisons
    du feu pour griller les taros
insouciants, les ermites se contentent
    d'une nourriture frugale

Sur la route de Hsin-cheng
(Su Tung-po)

le vent d'ouest a deviné que j'ai l'intention de
    me promener dans les montagnes
sous son souffle le son de la pluie sur l'auvent
    cesse
des nuages d'éclaircie coiffent les cimes
    d'un bonnet de coton
au sommet des arbres le soleil renaissant est
    suspendu comme un gong en bronze
les pêches sauvages sourient au-dessus des haies
    de bambous basses
les saules de la rivière se balancent à leur guise
    au-dessus de l'eau limpide dont on distingue
    le fond sablonneux
c'est dans les familles de la Montagne de l'ouest
    qu'on est le plus heureux
on cuit du céleri en branche et on braise
    des pousses de bambou pour se restaurer
    lors des labeurs de printemps

Cueillant des légumes
(Su Tung-po)

J'ai obtenu du conseiller Wang qu'il me prête une parcelle des terres militaires, à peine un demi-arpent, pour y planter des légumes. Toute l'année mon fils Kuo et moi-même disposons de légumes à satiété. Au milieu de la nuit, ayant bu jusqu'à l'ivresse et n'ayant rien pour dégriser, je vais cueillir des légumes et les cuis. Leur goût renferme la graisse de la terre, leur odeur est imprégnée de vent et de rosée. Même un bon riz accompagné de viande ne saurait rivaliser. Dans la vie on n'a pas besoin de plus, à quoi bon être envieux ? C'est ainsi que j'ai composé ces quatre vers.

l'automne arrive, le givre et la rosée imprègnent
    le jardin à l'est
les navets sont bien charnus, la moutarde
    est montée à graine

je suis aussi rassasié que Ho Cheng[1]
pourquoi vouloir à tout prix manger du porc
   ou du poulet?

---

1. Ho Cheng est resté célèbre pour avoir dépensé une fortune de dix mille taels pour un repas.

Mangeant un potage de tétragone sublime que
les gens de Shu appelle le velouté de Su Tung-po
(Su Tung-po)

le potage de tétragone est parfumé, savoureux,
    excellent, incomparable
en manger donne l'impression d'être au mont
    O-mei
le potage de feuilles de lis d'eau additionné
    de haricots saumurés ne saurait rivaliser
le lait de vache mélangé à de la crème à côté
    semble sans saveur
son goût extraordinaire incite à cultiver
    la quiétude
le secret de la recette à chaque occasion je prends
    soin de confier à celui qui cuisine
midi à la fenêtre, je caresse mon ventre repu
j'aime habiter au milieu des fumées du village,
    sans regret d'être pauvre

Mon fils a soudain une idée lumineuse, avec des taros de la montagne il prépare une soupe aux grains de jade. Sa couleur, son odeur et son goût sont extraordinaires. Si l'on ignore quelle friandise à la crème et au beurre se prépare au ciel, on peut être certain que dans le monde des hommes il n'y a pareille saveur.

(Su Tung-po)

son parfum est celui de l'ambre gris, mais
     sa couleur est d'une blancheur pure
son goût ressemble au lait de vache, mais
     en plus entier, plus léger
ne prenez pas le poisson de la mer du nord,
     mariné doré et coupé en tranches fines,
pour le comparer à la légère avec la soupe
     aux grains de jade de Tung-po

82

Mangeant des litchis
(Su Tung-po)

au pied de la montagne Lo-fu, les quatre saisons
    sont comme un printemps
nèfles et arbouses se succèdent
chaque jour je mange trois cents litchis
sans hésiter j'accepterais d'être pour toujours
    l'hôte du Sud de la chaîne[1]

---

1. Le Sud de la chaîne, *Ling-nan*, désigne le sud de la
Chine.

Nostalgie du pays de Shu
(Lu Yu)

vieillard gourmand, je mérite vraiment d'être
   moqué,
tant je suis nostalgique des mets exquis
   de Shiao-cheng
porter à ma bouche une cuillerée d'un plat d'orge,
siroter le potage de fèves sauvages dans lequel
   on a rajouté une poignée de riz,
déverser d'un panier en bambou
   de beaux champignons,
sentir s'élever de la marmite en terre le parfum
   du thé
dans la campagne à l'ouest, mon vieil ermitage
quand franchirai-je à nouveau son portail
   en branchages?

M'amusant à faire l'éloge des produits
de mon pays natal, montré à mes voisins
(Lu Yu)

depuis les temps anciens, Shan-yin est réputé
   comme étant un petit paradis Peng-laï
dix mille étages de montagnes bleues encerclent
   pavillons et terrasses
si ses gens et ses paysages jouissent
   d'un grand renom,
les produits de son terroir aussi
   sont extraordinaires
les bourgeons de thé moulus surclassent le thé
   impérial du Jardin du nord
rehaussés de jeunes pousses de lis, les plats
   surpassent ceux de la Terrasse du ciel
perles étincelantes, les châtaignes d'eau par cent
   barges sont transportées
pierres précieuses flamboyantes, les arbouses par
   mille porteurs sont acheminées
les lis d'eau du lac Hsiang sont succulents
   et tendres

les fougères de Chin-mang en forme de poing
    n'ont pas encore éclos
les pousses de bambou hibernent, elles attendent
    la pluie saisonnière
les champignons de mûrier, réveillés par les orages
    du printemps, commencent à se développer
les cœurs de palmier cuisent à l'étouffée, arrosés
    de vinaigre et de sauce de soja
les pousses de gingembre épluchées sont mélangées
    au moût de vin
avec des graines de pavot finement moulues
    un bouillon est préparé
les taros de la montagne, enveloppés encore
    humides, sont rôtis dans la braise
la force de mon pinceau de vieux gourmet
    est hélas un peu faible
pour une chose notée dix autres sont oubliées,
    quel dommage !
je vais arrêter là et ne plus parler de tout cela,
avec une gourde d'eau, dans une allée à l'écart,
    tel maître Yen Hui[1]

_____

1. Yen Hui (6ᵉ siècle av.), disciple de Confucius, était très
démuni. Il habitait dans une allée à l'écart, menant une
vie frugale, néanmoins très content de son sort.

La cuisine montagnarde
(Lu Yu)

les grains de riz fraîchement émondés sont lisses
    comme des perles
le pâté de soja tout juste pressé est plus moelleux
    que de la crème
on a aussi coupé des fines herbes et trié
    des légumes sauvages
en montagne pas besoin d'aller bien loin pour
    se procurer les ingrédients de base

Devant la nourriture composé pour m'amuser
(Lu Yu)

déjà heureux d'être rassasié, en plus la récolte de
    cette année ne s'annonce pas trop mauvaise
il faudra cependant parfois compter sur
    la cueillette pour humidifier nos intestins
    desséchés
quand les oranges sont jaunes on sort de la jarre
    les légumes saumurés de couleur dorée,
    ils sont exquis
les zizanies croquantes garnissent l'assiette,
    les tranches de poisson comme du jade
    sont parfumées
un visiteur m'a offert des gros crabes d'après
    le givre
un moine a partagé avec moi du gingembre
    charnu d'avant le sacrifice d'automne
l'automne arrive alors que mon corps est
    par chance en bonne forme
la belle saison nous invite à lever notre coupe
    de vin

Au village à l'est
(Lu Yu)

des paysans, contents de me voir me promener
   oisivement à l'improviste,
s'empressent de sortir du vin et m'invitent
   à faire une pause
prenant un panier ils vont derrière la maison
   choisir de beaux légumes
devant le portail un colporteur crie qu'il a
   des petites poires à vendre

飯罷戲示鄰曲

今日山翁自治廚　嘉肴不似出貧居

白鵝炙美加椒後　錦雉羹香下豉初

箭茁脆甘欺雪菌　蕨芽珍嫩壓春蔬

平生責望天公淺　捫腹便便已有餘

*Après le repas composé en m'amusant,
montré à mes voisins*

Après le repas composé en m'amusant,
montré à mes voisins
(Lu Yu)

aujourd'hui le vieillard de la montagne fait
    lui-même la cuisine
les mets sont si bons qu'ils ne semblent pas
    provenir d'une maison pauvre
une oie blanche bien rôtie, saupoudrée de poivre
au potage parfumé de faisan viennent s'ajouter
    des haricots saumurés
les pousses de bambou croquantes et sucrées
    sont supérieures aux champignons de neige
les pousses de fougère précieuses et tendres
    surpassent les légumes printaniers
j'ai toujours fait grief au ciel d'avoir été avare
    envers moi
caresser mon ventre repu, que demander de plus ?

Mangeant des plantes sauvages
(Lu Yu)

aux plantes sauvages et aux légumes de
    la montagne successivement je goûte
leur saveur surpasse l'agneau des cuisines
    impériales
le plaisir du vieux libertaire, qui peut
    le comprendre?
si l'on n'oublie pas de les accompagner
    de riz de Wu, toute la matinée
    de la marmite affleure le parfum

Un plat de légumes
(Lu Yu)

le chou vert et le poireau depuis les temps anciens
    sont considérés comme de bons légumes
les jeunes feuilles des lis d'eau en lamelles fines et
    les zizanies blanches sont réputées au pays de Wu
aux jeunes pousses de jonc qu'on sert dans cette
    cuisine céleste,
la saveur de la paume d'ours et de la bosse de
    chameau ne saurait être comparée
vieux paysan, de mes propres mains je défriche
    au potager
la terre est comme de la graisse, l'eau comme
    du lait
quand on dépend de ça afin de pourvoir
    aux besoins de la famille, inutile
    d'aller chercher ailleurs
en manteau de paille je ne crains pas de sortir
    dans le brouillard et sous la pluie
poulet ou porc n'arrivent pas souvent au bout de
    mes baguettes,

ne parlons même pas de l'agneau des cuisines
   impériales
dans l'âtre creusé à même le sol j'ai allumé
   du feu, monte le parfum des légumes
   en train de cuire
si le bout de ma langue n'en a pas encore profité,
   mon nez déjà s'en délecte

Devant la nourriture composé pour m'amuser
(Lu Yu)

après le givre les jeunes pousses de salade
    sont fades mais douces
le printemps approche, les jeunes herbes magiques
    n'ont pas encore formé leurs ombelles
de retour après en avoir cueilli aussitôt
    je les cuisine
pas besoin d'ajouter le moindre grain de sel
    ni la moindre once de graisse

Un repas de légumes, composé pour m'amuser
(Lu Yu)

les poireaux de Hsin-tsin sont sous le ciel
    sans égal,
plus de trois pieds de long de la couleur
    d'une oie jaune
la viande de porc de Tong-men aussi
    est extraordinaire,
grasse et belle tout autant que l'agneau
    barbare fondant
ces choses nobles et précieuses ne sauraient être
    mélangées aux ingrédients ordinaires
on les cuit sur un feu de cannelier avec des grains
    d'orge ronds comme des perles
de retour au pays de Wu, je n'ai plus accès
    à ces saveurs
tous les jours un repas de riz grossier avec
    du poisson séché grillé
dans cette vie d'homme, pourquoi accorde-t-on
    tant d'importance à la bouche et au ventre ?
la plupart du temps ils asservissent ce corps
    de sept pieds

aux viandes et aux épices dorénavant je renonce
la nuit, je cuirai des cailloux blancs[1] en annotant
    des livres de stratégie

---

[1]. Les cailloux blancs sont la nourriture légendaire des
immortels.

À *table*
(Lu Yu)

le ventre gras d'un long poisson, l'épaule tendre
    d'un agneau
d'une pensée gourmande depuis longtemps
    plus la moindre trace
ce matin dans le bois on rôtit des pousses amères
    de bambou
leur saveur est simplement sublime

Devant la nourriture composé pour m'amuser
(Lu Yu)

les tendres cœurs de palmier bien préparés
    parfument tout le repas
les fleurs nouvelles des acacias garnissent
    les nouilles froides
souvent le maître, repu, se caresse le ventre
tout le reste à côté est insignifiant

Journée d'automne, séjournant à la campagne
(Lu Yu)

journée d'automne, je séjourne chez un vieux
     campagnard
sur le plateau rouge les fines tranches de poisson
     mariné sont fraîches comme des fleurs
le riz de Lei-san, de véritables perles, est déjà cuit
du thé de Ting-heng, comme de la neige blanche,
     est en train d'infuser

*Arrosant un plat de légumes du jardin avec
du vin du village, composé pour m'amuser*
(Lu Yu)

mon corps est entré cette année dans la vieillesse
ma bourse est vide depuis bien des années déjà
je n'ai bien entendu jamais l'occasion de tuer
    volaille ou poisson,
et dois me contenter d'un vin léger,
des zizanies blanches de l'étang en automne,
et d'un potage d'épinards sauvages rouges
mais y a-t-il un seul homme parmi ceux qui ont
    dix mille taels au bout de leurs baguettes,
en train de rire comme moi dans le vent d'ouest?

Laissant aller le pinceau
(Lu Yu)

dans l'éclaircie après la neige, les pousses rouges
   des renouées
la pluie a été abondante, les poireaux ont la tête
   bien blanche
bien que ne possédant pas un magot de dix mille
   sapèques,
avec un repas campagnard je puis néanmoins
   retenir mes invités

Habitant au village, décrivant ce qui se passe
(Lu Yu)

faire cuire la soupe de riz dans la marmite basse
    est difficile à assurer
faire cuire des gâteaux à la vapeur dans la petite
    marmite n'est pas fréquent non plus
par hasard je me suis procuré du sel et du vinaigre,
    on est tout de suite plus à l'aise
au repas du matin le parfum des légumes
    sauvages remplit la maison

Après le déjeuner composé en m'amusant
(Lu Yu)

la soupe de nouilles, parfumée à l'agneau gras,
    remplit mon bol
elle laissera encore de la place pour loger
    du millet jaune
je défais ma veste et caresse mon ventre
    sous la fenêtre à l'ouest
pourquoi s'étonner que les gens en se moquant
    me traitent de sac à riz ?

La viande sacrifiée
(Lu Yu)

au sacrifice du printemps on partage le porc
    sacrifié
quand on le rôtit sur des charbons le parfum
    remplit le village
les corbeaux affamés se rassemblent dans les arbres
    du chemin
le vieux chaman prend place devant la porte
    de la chapelle
bien qu'on soit loin du grandiose des sacrifices
    antiques,
on respecte grosso modo les rites anciens
ivre je rentre, rapportant des restes de viande,
afin d'en faire profiter tous mes petits-enfants

Poème à propos des fruits du jardin
(Lu Yu)

de l'abricotier de la montagne et du pêcher
    du bord de la rivière à l'origine je voulais
    juste admirer les fleurs
des fruits qui à la suite se sont formés à foison
    je puis aussi être fier
saumurés ou confits dans le miel leur saveur
    est riche
j'en offre au moine de la montagne pour
    accompagner son thé de la nuit

Pluie d'automne
(Lu Yu)

le son de la pluie est d'abord épars, puis plus serré
de sombre la fenêtre redevient claire
du riz rouge parfumé est en train de cuire
un ragoût simple de légumes verts mijote
oisif, je dispute de longues parties d'échecs
convalescent, ma passion pour les poèmes
    a diminué
seules des affaires du chanvre et des mûriers,
avec mon vieux voisin je consens encore
    à discuter

Par hasard m'échoient deux carpes
(Lu Yu)

j'ai une envie de vin pressante, impossible
    à contenir
la fête du Double neuf[1] n'est pas encore arrivée,
    les chrysanthèmes sont déjà épanouis
devant cette paire de poissons qui frétillent
    mon regard s'illumine
je m'empresse d'appeler le cuisinier, qu'il les coupe
    en tranches fines

---

1. Le 9e jour du 9e mois, on monte sur une hauteur pour
boire du vin de chrysanthèmes en pensant aux amis et
parents absents.

Mangeant avec la pluie du soir,
composé pour m'amuser
(Lu Yu)

la pluie du profond de l'automne goutte
　　sur le perron, elle y forme de la boue
au crépuscule les oiseaux se hâtent de retourner
　　dans la forêt, déjà ils s'y reposent
près de la fenêtre mon repas est simple
　　et délicieux
une demi-mesure de riz grossier garni de quelques
　　légumes saumurés

Comme de façon inattendue m'échoient un grand
poisson et un crabe géant, je demande qu'on
m'apporte du vin pour boire un peu,
il y a bien longtemps que
je n'en ai pas eu l'occasion.
(Lu Yu)

le vieux lettré chaque jour doit se contenter
    de légumes saumurés
les cœurs de palmier et les champignons de mûrier
    sont devenus pour moi des mets raffinés
comment aurais-je pu alors oser penser à
    une brème au cou tassé,
et plus encore à un crabe d'après le givre ?
j'ai vraiment pitié de celui-ci qui est sorti à tort
    à cause d'un appât parfumé,
et de celui-là qui s'est aventuré en marchant
    de côté jusqu'aux herbes vaseuses
sur le coteau à l'est cette nuit le prunier a fleuri
une bouteille de vin fruité je vais y emporter

Au début de l'hiver, buvant du vin de pays
avec les vieux du village
(Lu Yu)

les vieux du village m'ont invité à boire
    une coupe
c'est une année de moyenne récolte, mais il reste
    du grain de l'année dernière
le sarrasin est en fleur, à perte de vue, comme
    de la neige
bien avant le gel les haricots déjà foisonnent
sur le sentier de la montagne, de retour de la chasse
    on ramasse les lièvres pris dans les pièges
au bord de l'eau les paysans qui chôment
    ont tendu des nasses
grisé je regarde l'univers alentour, rien d'étroit
ivres nous nous soutenons mutuellement
    dans le soleil couchant

Poème de début d'hiver
(Lu Yu)

quand les perches sont bien grasses et les zizanies
   croquantes, on prépare un potage exquis
avec du sarrasin mûr et de l'huile nouvelle
   on confectionne des galettes parfumées
si depuis les temps anciens l'homme libre méprise
   la richesse et les titres,
nostalgique des saveurs de son pays natal,
   il n'aspire qu'à une chose, y retourner

Mangeant de la soupe de riz
(Lu Yu)

Wen Hsien a une théorie sur la soupe de riz, selon laquelle la soupe de riz prolonge la vie. J'admire son propos.

dans le monde des hommes chacun cherche
    à cultiver la longévité,
sans réaliser que la longévité est là sous nos yeux
j'ai compris cette recette simple et facile
pour atteindre l'immortalité il suffit de manger
    de la soupe de riz

Note sur la cuisson des pousses de bambou
selon Chang Ting-sou
(Yang Wan-li)

à l'ouest du fleuve les pointes des pousses de
    bambous vont bientôt sortir de terre
sous la neige la terre fertile nourrit leur goût
    frais et sucré
le maître a une recette extraordinaire
    pour les préparer
il recommande instamment de n'ajouter
    ni vinaigre ni sel
à la fontaine limpide sous les rochers l'eau
    a été puisée
il les blanchit dans l'eau, ressort le jus doux
    des racines givrées
on croque les pousses du froid dans un bruit
    de glace qui casse
on boit le restant du bouillon de la couleur
    du clair de lune
les crabes charnus et les champignons de mûriers
    jouissent d'une réputation usurpée
ils ne sauraient égaler les pousses de bambous

si l'on est ivre, pas la peine de rechercher
    un remède pour dégriser
un bol de ce potage aussitôt vous réveille
grosso modo on cuisine ce légume
    de cette manière
une cuisson simple révèle le goût authentique
pour préparer la recette du maître nul besoin
    d'être cuisinier
j'écris donc ce poème pour honorer son nom

閑居

懶慢從來應接疏　閉門掃地足閑居
荊妻拭硯磨新墨　弱女持箋索楷書
柿葉微霜千點赤　紗廚斜日半窗虛
江南大好秋蔬菜　紫筍紅姜煮鯽魚

Séjour oisif

Séjour oisif
(Cheng Pan-chiao)

paresseux depuis toujours, je reçois rarement
le portail fermé, le sol balayé, ce séjour oisif
    me contente
mon épouse rustre essuie la pierre à encre
    et broie de l'encre fraîche
ma fille me tend un morceau de papier,
    me réclamant une calligraphie
les feuilles des kakis, mille taches rouges,
    sont légèrement givrées
à travers le voile de la fenêtre à moitié ouverte
    le soleil décline
au Sud du fleuve les légumes d'automne
    sont exquis
des pousses de bambou pourpres et du gingembre
    rouge accompagnent la carpe en train de cuire

Chaque jour, quand je me lève le matin je vais
recueillir la rosée sur les fleurs des bananiers
pour la boire
(Yuan Mei)

tous les jours je bois la rosée fraîche sur les fleurs
    des bananiers
en la recueillant, aux oiseaux souvent je dois
    la disputer
pourquoi un nectar de jade devrait-il absolument
    avoir mille années d'âge ?
dans chaque goutte suave un instant d'éternité

3. Le vin et l'ivresse

Pour le poète de jadis, le vin est aussi important que l'encre ou le pinceau. L'ivresse qu'il procure permet de s'accorder au cours naturel des choses (道 tao), d'entrer en communion avec les circonstances, d'être en phase avec le flux de l'instant éternellement présent. *Hic et nunc*, comme dit le latin avec un sens évident de l'onomatopée. On dit souvent que le vin permet d'oublier. Il permet en effet d'oublier le passé, l'avenir, et de se consacrer entièrement au présent, dans une merveilleuse contemplation du monde. Tao Yuan-ming (365-427), le maître des Cinq saules, le grand poète et philosophe amoureux du vin et des chrysanthèmes, retiré dans son village natal après une brève carrière de mandarin, écrivit :

« ... *digne dans mon humble hutte, à mon aise je bois du vin et compose des poèmes, accordé au cours des choses, conscient de mon sort, n'ayant plus ainsi aucune arrière-pensée...* »

Ce même Tao Yuan-ming composa ce poème issu d'une série intitulée «en buvant du vin» et introduite par la préface qui suit :

«Je vis retiré, les plaisirs sont rares. Comme les nuits sont devenues longues et que j'ai la chance d'avoir du bon vin, chaque soirée je bois. À regarder mon ombre solitaire vider sa coupe, soudain me voilà ivre. Ivre je compose souvent quelques vers pour me distraire. Les feuilles écrites se sont accumulées, ne suivant aucun ordre particulier. J'ai demandé à un ami de les recopier afin de nous divertir.»

en automne les chrysanthèmes ont des couleurs
* ravissantes*
je cueille les fleurs imprégnées de rosée,
et m'abandonne à la chose qui chasse les soucis
s'estompe même ma sensation d'avoir quitté
* le monde*
une coupe, seul je bois
la coupe se vide, le pichet s'épuise
le soleil se couche, l'agitation cesse
de retour dans la forêt les oiseaux chantent
à l'aise je siffle dans la véranda de l'est,
content de jouir du plaisir de la vie

De Li Po[1] (701-761), l'immortel banni sur terre, par excellence le poète de l'ivresse, au génie extravagant, un contemporain a dit : « Dès que Li Po porte un toast, la joie est à son comble. »

buvant seul sous la lune

si le ciel n'aimait pas le vin,
il n'y aurait pas au ciel l'Étoile du vin
si la terre n'aimait pas le vin,
il n'y aurait pas sur terre les Sources du vin[2]
puisque ciel et terre aiment le vin,
d'aimer le vin nulle honte à avoir face au ciel
on dit que clair le vin est comparable au saint,
et que trouble il est comparable au sage
saint et sage aiment donc boire
inutile alors de rechercher l'immortalité
après trois coupes on s'accorde au grand processus
après une mesure on se fond à la nature
seul importe le plaisir du vin
mais à quoi bon parler de cela à quelqu'un de sobre ?

1. *Li Po, l'immortel banni sur terre, buvant seul sous la lune*, Albin Michel, 2010.
2. Ch'iu chuan, les « Source du vin », se trouve dans l'ouest de la Chine, sur la Route de la soie.

Po Chu-yi (772-846), le dernier grand maître des Tang, à la fin de sa vie composa son autoportrait, intitulé « Biographie du Maître qui s'enivre et compose des poèmes », où il confie notamment :

« J'essuie la jarre de vin et ouvre ensuite mon coffre de poèmes. Une fois comblé par les poèmes et le vin, je prends alors mon ch'in, accorde ma gamme et joue "Sentiment d'automne". Si la joie monte encore, je demande au jeune serviteur de jouer de la soie et du bambou. Ensemble nous jouons l'air "Robe de plumes arc-en-ciel". Si je suis dans le ravissement extrême, je demande aussi à ma jeune concubine de chanter sur l'air de "Rameau de saule" de nouvelles paroles, j'en ai composé une dizaine. Je laisse aller mon sentiment pour me divertir. C'est seulement lorsque je suis ivre mort que je m'arrête. À ma guise, je vais en chaussons chez mes voisins, avec ma canne jusqu'au village, sur mon cheval en ville, en palanquin dans la campagne. Dans le palanquin j'ai installé un ch'in, un oreiller et plusieurs rouleaux de poèmes de Tao et de Hsieh[1].

---

1. Tao Yuan-ming (365-427) et Hsieh Ling-yun (365-427) sont deux célèbres poètes.

À gauche et à droite du palanquin sont fixées deux perches auxquelles sont suspendues deux jarres de vin. Je pars rechercher les eaux et contempler les montagnes, suivant librement mon sentiment. J'embrasse mon ch'in et lève ma coupe. Quand la joie est épuisée, alors seulement je m'en retourne. »

Il convient de préciser que si le vin servi dans les poèmes rassemblés dans ce chapitre est parfois un vin de raisin, en provenance d'Asie centrale et déjà consommé à l'époque Tang, c'est plus généralement un vin de céréales, du riz glutineux, du sorgho ou du millet. Le grain cuit est mis à fermenter dans une jarre d'eau de source en présence d'un ferment. Le vin qui en résulte est bu trouble (non filtré) ou clair (filtré). Su Tung-po (1037-1101), «l'hôte de la pente de l'est», le fameux poète, peintre et politicien Song, a composé un « Éloge des effets merveilleux du vin trouble », dont voici un large extrait :

« ... Il disperse les soucis du cœur comme des rêves d'hier. Alors, si l'on s'adonne à la contemplation, on arrive à la compréhension de l'univers... Il est frais comme la rosée d'automne, doux comme la brise du

printemps. C'est comme après que les nuages de la nuit se sont dissipés et que perce la lueur rouge du soleil de l'aube, dès que les frissons du début se sont effacés la vision jusqu'alors brouillée se clarifie... Assis dans l'indifférence, le ciel immense s'épanouit. Me gardant d'agir, mon être est sans entrave, toujours parfaitement au courant de ce qui se passe, sans pour autant que mon cœur se fatigue. Mes sièges sont toujours occupés par des invités, ma seule crainte que les cent jarres soient vides. Le renom après le corps est insignifiant, accordons donc à la coupe sa juste valeur. D'une perle de lune immaculée on ne peut se vêtir, le jade brille dans l'obscurité mais on ne peut s'en nourrir, le bœuf et le mouton rassasient mais n'ont rien à voir avec l'intelligence, le tissu réchauffe mais ne saurait réjouir. Seul celui-là permet de voyager au-delà des dix mille choses. Franchement, comment sous le ciel s'en passer ne serait-ce qu'une journée ? Dans l'ivresse réside la lucidité, pourquoi le considérer comme un intoxicant pour excentriques ? Quand on en saisit l'essence, on oublie le goût. On connaît alors l'opulence de l'accord suprême au cours des choses... »

En exil dans le sud de la Chine, Su Tung-po, grand connaisseur des plantes et de leurs vertus, expérimentait de nouvelles recettes pour aromatiser son vin. Il mit au point la formule d'un vin qu'il baptisa « le vin de l'unité divine ».

Pour un usage poétique des poèmes réunis dans ce chapitre, le lecteur est naturellement convié, si ce n'est déjà fait, à se munir de « la chose qui chasse les soucis ». À quoi bon en effet parler de cela à quelqu'un de sobre ?

composé en voyage

le bon vin de Lan ling, parfumé au chèvrefeuille
le bol de jade est rempli de sa lueur ambrée
l'invité, par son hôte enivré,
en oublie qu'il est en pays étranger

En buvant du vin
(Tao Yuan-ming)

de vieux amis, qui apprécient mes goûts,
apportant une gourde de vin me rendent visite
sous les pins nous nous installons sur
    du feuillage étalé
plusieurs fois les coupes sont remplies,
    déjà nous sommes ivres
les vieillards parlent dans la confusion,
    tous en même temps
pour boire sa coupe maintenant le protocole
    est oublié
je ne me rends plus compte si j'existe ou pas
à quoi bon accorder de la valeur aux choses ?
embrumés, nous nous abandonnons éperdument
    au vin
dans le vin réside une saveur profonde

Composé dans l'ivresse
(Chang Shuo)

ivre ma joie est sans limites
bien plus qu'avant d'être ivre
chaque geste une danse
chaque parole un poème

La rive aux cornouillers
(Wang Wei)

les fruits sont rouges et verts à la fois,
comme si les fleurs à nouveau s'épanouissaient
dans la montagne, si l'on a un invité à retenir,
on lui offre une coupe de vin de cornouilles

Le kiosque au bord du lac
(Wang Wei)

la barque légère amène mon cher invité
du lointain elle traverse le lac
sur la terrasse ensemble devant nos coupes de vin
de toutes parts les lotus éclosent

與夏十二登岳陽樓

樓觀岳陽盡　川迴洞庭開

雁引愁心去　山銜好月來

雲間連下榻　天上接行杯

醉後涼風起　吹人舞袖回

Avec Hsia le douzième, en haut
de la tour de Yue-yang

Avec Hsia le douzième, en haut
de la tour de Yue-yang
(Li Po)

de la tour on voit Yue-yang entièrement
au loin le lac Tung-ting s'ouvre au Fleuve
les oies sauvages emportent la tristesse
   de mon cœur
la mâchoire des montagnes exhale la belle lune
les nuages frôlent nos divans,
dans le ciel les coupes circulent
ivres, dans le vent froid qui se lève,
nous dansons, son souffle fait tournoyer
   nos manches

Avec un ami passant la nuit
(Li Po)

pour chasser la tristesse de mille années,
nous nous attardons à boire cent pichets
cette belle nuit est propice aux propos purs,
et la lune lumineuse ne nous laisse pas dormir
ivres nous nous allongeons sur la montagne
    déserte,
le ciel pour couverture, la terre pour oreiller

Au pays de Lu, à Chung-tu, au Pavillon
de l'est composé après l'ivresse
(Li Po)

hier, au Pavillon de l'est, ivre,
mon bonnet sans doute de travers
qui m'a aidé à monter à cheval?
je ne me souviens même pas d'avoir descendu
   l'escalier

Ivre, inscrit sur le bureau de Wang, à Han-yang
(Li Po)

je suis comme la perdrix,
ayant migré au sud et trop paresseuse
    pour retourner au nord
parfois je vais chercher le gouverneur de Han-yang
nous allons nous enivrer puis rentrons
    sous la lune

Le neuvième jour du neuvième mois[1],
buvant sur le mont du Dragon
(Li Po)

le neuvième jour je bois sur le mont du Dragon
les fleurs jaunes se moquent de l'exilé
ivre le vent emporte mon bonnet
sous la lune je m'attarde à danser

---

1. Au Double neuf, 9e jour du 9e mois, on monte sur
une hauteur pour penser aux absents en buvant du vin de
chrysanthèmes.

Devant le vin
(Li Po)

Pin rouge[1] s'est retiré sur la Fleur d'or
An Ki[2] est retourné sur la mer Peng
ces gens-là obtinrent l'immortalité en des temps
  antiques
ils devinrent immortels soit, mais où sont-ils
  aujourd'hui?
cette vie flottante est rapide comme l'éclair
en un clin d'œil les couleurs se transforment
si ciel et terre sont immuables,
comme nos visages changent!
si devant le vin vous refusez de boire,
à retenir ainsi votre sentiment, qu'attendez-vous
  donc?

———

1. L'immortel taoïste Song Tzu, «Pin rouge», se retira
sur le mont de la Fleur d'or, où il s'immola pour se trans-
former.
2. An Ki, l'herboriste du bord de mer, vendait ses herbes au marché. Il dit un jour: «Dans plusieurs milliers
d'années je retournerai sur les îles Peng-laï.» Les îles Peng-
laï sont le séjour légendaire des immortels.

Devant le vin
(Li Po)

un bon conseil, ne repoussez jamais la coupe
le vent du printemps arrive et nous sourit
pêchers et pruniers, vieilles connaissances,
pour nous s'épanouissent et ouvrent toutes
    leurs fleurs
les loriots chantent dans les arbres émeraude
la lune claire se mire dans la jarre en or
hier le visage juvénile,
aujourd'hui les cheveux blancs nous pressent
les ronces envahissent le palais du Tigre en pierre,
les cerfs se promènent sur la terrasse de Ku-su
dans les demeures des rois et des empereurs
    des temps antiques,
les portes sont maintenant refermées sur
    de la poussière jaune
alors pourquoi ne pas boire?
les hommes d'autrefois, où sont-ils aujourd'hui?

Devant le vin
(Li Po)

du vin de raisin,
dans des coupes en or
une belle de Wu de quinze ans, sur un cheval nain,
ses sourcils peints d'indigo, ses bottes de brocart
    rouge
elle trébuche sur les mots, mais espiègle chante
au banquet raffiné, ivre elle se serre contre moi
« derrière la tenture aux nénuphars, je ne pourrai
    te résister »

Adieu dans une taverne de Chin-ling
(Li Po)

le vent souffle les chatons des saules, leur parfum
    emplit la taverne
une belle de Wu presse le vin et nous invite
    à le goûter
amis de Chin-ling qui êtes venus me dire adieu,
celui qui part, ceux qui restent, que chacun vide
    sa coupe
demandez donc au Fleuve qui coule vers l'est,
du sentiment de séparation et de lui lequel
    est le plus long?

Journée de printemps, réveil après l'ivresse,
évoquant mon sentiment
(Li Po)

si vivre en ce monde est comme un grand rêve,
à quoi bon se fatiguer?
c'est pourquoi tout le jour je suis ivre
affalé je suis allongé sur le perron
au réveil je regarde dans la cour
un oiseau chante parmi les fleurs
dis-moi, quelle saison est-ce?
« dans la brise du printemps chante le loriot »
ému par cela je soupire,
et devant le vin me sers à nouveau
je chante à haute voix, attendant la lune claire
quand mon chant s'achève mon sentiment
        s'est apaisé

Buvant seul sous la lune
(Li Po)

au troisième mois, dans la cité de Hsien-yang,
des myriades de fleurs au jour, comme un brocart
qui pourrait, au printemps, rester seul et triste?
face à cela il faut sans hésiter boire
pauvreté ou prospérité, vie longue ou vie courte,
la création éternelle les prodigue
une coupe égalise la vie et la mort
inutile donc de distinguer entre les dix mille
    choses
ivre je perds notion du ciel et de la terre
appuyé sur l'oreiller solitaire ma conscience
    s'amenuise
je ne sais plus où est mon corps
ma joie est alors à son apogée

Redescendant le mont Chung-nan,
je passe la nuit chez l'ermite Hui Ssu
qui m'offre du vin
(Li Po)

au crépuscule je redescends la montagne
    émeraude
la lune sur la montagne accompagne mon retour
je me retourne pour regarder le chemin
    que j'ai emprunté
une sombre, sombre étendue de pics bleus
avec la lune j'arrive à ta demeure paysanne
un jeune garçon ouvre le portail en branchages
parmi les bambous verts j'emprunte un sentier
    secret
les lianes effleurent mon vêtement
joyeuse est notre conversation dans cet endroit
    reposant
du bon vin, ensemble nous devisons en levant
    nos coupes
longuement nous chantons, le vent murmure
    dans les pins

notre chant achevé, le Fleuve céleste est déjà
   presque effacé
je suis ivre, tu es heureux aussi
joyeux nous oublions les intrigues du monde

Au bord de la rivière seul je me promène
et contemple les fleurs
(Tu Fu)

près de la rivière profonde, au milieu des bambous
    sereins, deux ou trois maisons
aguichantes, les fleurs rouges répondent
    aux fleurs blanches
pour remercier le printemps j'ai le savoir-faire
du bon vin pour m'accorder au cours des choses

Un ami arrive
(Tu Fu)

au sud de la chaumière, au nord de la chaumière,
    partout les eaux printanières
on ne voit qu'une foule de mouettes,
    elles viennent tous les jours
le sentier dans les fleurs pour nul visiteur
    n'a encore été balayé
aujourd'hui enfin pour toi j'ouvre le portail
    en branchages
le marché est loin, les mets ne sont pas de saveur
    variée
dans les coupes de vin d'une maison pauvre,
    rien qu'un vieux vin non filtré
veux-tu qu'avec mon vieux voisin ensemble
    nous buvions?
à travers la haie je l'appelle, vidons le reste du vin

Taquinant le marchand de vin
de la Porte des fleurs
(Tsen Shen)

le vieillard à soixante-dix ans vend toujours
    son vin
mille pichets, cent jarres, à l'entrée de la Porte
    des fleurs
au bord de la route, les samares des ormes,
    comme des pièces de monnaie
« je vais en cueillir pour acheter votre vin,
    vous voulez bien ? »

Chanson de l'auberge des voyageurs de Han-tan
(Tsen Shen)

le voyageur arrive de Ch'ang-an,
son cheval galope sur la route de Han-tan
je suis attristé de voir, au pied des Terrasses étagées,
tout autour les herbes folles foisonner
la porte de l'auberge des voyageurs donne
    sur la berge de la rivière Chang
sous les saules pleureurs est attachée une barque
    de pêcheur,
une fille de Han-tan la nuit y vend du vin
devant le voyageur, sous la lampe allumée, avec
    des gestes exagérés elle compte son argent
au soleil de midi, ivre mort,
chantant comme un fou sur une jarre je m'endors

Alité après m'être blessé en tombant, quelqu'un
m'ayant conseillé de boire du vin fort,
momentanément j'oublie la douleur
et compose ce poème
(Chuan Te-yu)

une coupe est bénéfique pour l'homme malade
les quatre membres abandonnés à la chaise
    pliante,
momentanément j'oublie mon corps,
à l'aise au pays de l'ivresse

Le chant du pêcheur
(Chang Chi-he)

sous les pins au bord de la rivière, près
    d'un village de pêcheurs, l'hospitalité
    de mon hôte
du riz de zizanie, un potage de lis d'eau,
    nous partageons son repas
les feuilles des érables tombent
les fleurs des roseaux sèchent
ivre je passe la nuit dans la barque du pêcheur,
    insensible au froid

Levant ma coupe
(Han Yu)

désabusés ceux qui courent après le renom
qui dispose d'une journée de libre?
depuis quelques temps sans compère,
je lève ma coupe face à la montagne du sud

Journée d'hiver, de retour de Ping-chuan tard
(Po Chu-yi)

sur le sentier de montagne difficile d'avancer,
    le soleil décline vite
des fumées montent du village, sur les arbres
    givrés les corbeaux viennent se percher
arriver avant la nuit est impossible, qu'importe?
après trois coupes chaudes je me sens chez moi

Interrogeant Liu le dix-neuvième
(Po Chu-yi)

du dépôt vert sur le vin nouveau non filtré
le feu rougeoie dans la petite poêle en terre
la nuit tombe, ciel de neige
viendras-tu boire une coupe ou non?

Réjoui par la venue de Chen Hsiung
(Po Chu-yi)

le chant des loriots touche à sa fin
les prunes vertes sont à moitié formées
assis, je chéris la splendeur du printemps
    qui se termine
je me lève et vais marcher dans le jardin à l'est
j'ai emporté du vin mais suis trop indolent
    pour boire seul
soudain j'entends qu'on frappe au portail
qu'un homme quelconque arrive j'en serais
    déjà ravi,
en plus il s'agit de Chen Hsiung
détendus, toute la journée nous conversons
riche en souvenirs, l'amitié de tant d'années
ne sous-estimons pas notre coupe de vin,
    elle fait parler toute notre vie

懶放呈劉夢得吳方之

青衣報平旦　呼我起盥櫛

今早天氣寒　郎君應不出

又無賓客至　何以銷閑日

已向微陽前　暖酒開詩帙

Paressant, adressé à Liu Yu-hsi et Wu Fang-chi

Paressant, adressé à Liu Yu-hsi et Wu Fang-chi
(Po Chu-yi)

la femme de service annonce qu'il fait jour
elle m'appelle, je me lève, me lave, me coiffe
ce matin le temps est glacial
comme vous ne sortirez sans doute pas,
et qu'aucun autre visiteur ne doit venir,
comment vais-je passer cette journée oisive?
je me tourne vers le soleil pâle,
réchauffe du vin et ouvre mon sac de poèmes

Le matin buvant
(Po Chu-yi)

le paravent bas abrite la tête du lit
un bonnet noir, une vieille couverture bleue
  en laine, un manteau fin en coton blanc
le matin je bois une coupe et fais un somme
les affaires de ce monde sont insignifiantes

Ivre sous les fleurs
(Li Shang-yin)

admirant les fleurs, sans nous en rendre compte
    nous nous enivrons avec du vin « des Nuées
    roses flottantes »
adossé à un arbre je m'endors profondément,
    le soleil déjà décline
quand de l'ivresse je me réveille, tard dans la nuit,
    mes invités sont déjà partis
tenant une bougie rouge, à nouveau j'admire
    les dernières fleurs

Invitation à boire
(Li Ching-fang)

de celui qui n'est pas ivre devant les fleurs,
les fleurs doivent sans doute se moquer
seul m'inquiète la pluie qui ne cesse de toute
    la nuit
un nouveau printemps est sur le point de passer
des affaires quotidiennes je ne vois pas le bout,
cet humble corps a ses limites
s'il n'y avait une coupe de vin,
comment se manifesterait ma nature véritable?

Me réveillant
(Liu Chia)

ivre je m'allonge au milieu des herbes odorantes
quand de l'ivresse je me réveille le soleil
    s'est couché
pichets et coupes de vin sont à moitié renversés
les invités ont dû partir il y a longtemps déjà
je ne me rappelle pas avoir cueilli des fleurs
comment se fait-il qu'il y ait une fleur
    dans ma main?

Dans les environs du district Yi-jun où je n'ai pu
m'installer comme prévu, inscrit dans la villa
du lettré Wang
(Wei Chuang)

sous la lune claire des cristaux de givre se déposent
    sur ma fourrure de martre noire
je t'envie de vivre ainsi retiré, jouissant d'une
    totale liberté
devant la porte la neige s'est accumulée, profonde
    de trois pieds
le feu rougeoie dans le poêle, du vin plein
    la gourde

Plaisir sur la rivière
(Tu Hsun-ho)

la pluie sur la montagne, le vent sur la rivière,
    j'enroule mon fil à pêche
une jarre en grès sous l'auvent de la barque,
    c'est le moment de boire, seul
ivre je m'endors, personne pour me réveiller
sans m'en apercevoir je dérive dans le courant
    de la rivière

Au réveil de l'ivresse
(Hsui Tao-yong)

au réveil de l'ivresse je remue les cendres, le feu
    est éteint
c'est vraiment affligeant!
à coté du poêle seul je bois, seul je suis ivre
à la fenêtre, dans la nuit profonde, avec le vent
    frappe la neige

Le 12ᵉ jour du 1ᵉʳ mois de l'année keng chen, mon
vin d'asparagus étant mûr, je le filtre moi-même
tout en le dégustant et deviens ainsi ivre mort
(Su Tung-po)

j'attrape moi-même sous le lit la jarre en terre
l'ermite est déjà enivré par son arôme intense
mon vin d'asparagus est mûr, la nouvelle année
    s'annonce joyeuse
le parfum du vin de riz printanier emplit
    maintenant la maison
dans le potager les légumes sont devenus épars,
    partout il y a des fleurs
devant la porte en bambou entrouverte la pluie
    ne cesse
enveloppé dans une fourrure je somnole,
    où suis-je?
le vent d'est souffle sur mon visage, caressant
    mes yeux embrumés

Après avoir bu dans une échoppe
du village, de retour la nuit
(Lu Yu)

du vin trouble du village à ras bord,
    ne le repoussez pas
oranges et piments sont beaux et parfumés,
    les oies blanches bien grasses
dans l'ivresse j'oublie que mon corps est vieux
    maintenant
m'amusant à poursuivre la lumière des lucioles,
    je rentre en pataugeant dans les flaques d'eau

Sous la lune buvant légèrement
(Lu Yu)

hier, la pluie gouttait de l'auvent
face à la lampe solitaire je me grattais la tête
cette nuit, la lune plein la cour,
    je chante longuement, adossé au saule flétri
les changements du monde sont immenses, infinis
de la réussite à l'échec un revers de la main
dans la vie la chose la plus heureuse est,
    allongé, d'entendre qu'on presse le vin nouveau
depuis mon retour de Cheng-tu,
    je me lamente de voir parents et amis dépérir
bon nombre d'entre eux sont déjà inscrits
    sur le registre des morts
mais qui pourrait vivre éternellement ?
les jeunes pour la plupart je ne les connais pas
nul ne consent à avoir des égards envers
    le vieillard décrépit
avec qui partager une coupe ?
je vais frapper à sa porte pour appeler mon vieux
    voisin

Neige de printemps
(Lu Yu)

les nuages du fleuve couvrent la campagne,
    la neige tombe comme tamisée
c'est l'année au treizième mois, le printemps
    tarde à venir
je vide le vin de la cruche, toute la journée
    je suis ivre
allongé j'écoute mon fils réciter des poèmes
    de Wang An-shih[1]

---

1. Wang An-shih (1021-1086), célèbre homme d'État et poète.

Composé à propos du kiosque dans les bambous
derrière le temple
(Yang Wan-li)

je parcours toutes les salles désertes, quand soudain
   j'arrive devant une balustrade peinte
la lumière de la lune à travers les bambous emplit
   le kiosque froid
sur le mur une inscription, qui a composé
   ce poème?
ivre, tenant une lampe vacillante, je lis
   attentivement

夜飲

夜飲空齋冷　移歸近竹爐
酒新今晚榨　燭短昨宵餘
紫蔗樣來大　黃柑蜜不如
醉中得五字　索筆不能書

La nuit, buvant

La nuit, buvant
(Yang Wan-li)

la nuit, je bois dans le studio vide et froid
je me déplace pour me rapprocher du poêle
    gainé de bambou
le vin est nouveau, pressé de ce soir
la bougie est courte, restée de la nuit dernière
un morceau de canne à sucre pourpre, gros
    comme une poutre
une mandarine dorée, même le miel ne saurait
    lui être comparé
dans l'ivresse monte un poème
je saisis mon pinceau, impossible d'écrire

Le nouveau givre
(Yang Wan-li)

du vin de la nuit dernière l'ivresse ce matin
    subsiste encore
la poitrine barbouillée, le ventre dérangé
au pied de la balustrade, des pivoines sur le perron
j'y gratte une boule de givre et la roule au bout
    de ma langue

4. *Le thé*

Selon la légende, Shen Nung, le dieu de l'agriculture, l'un des Trois souverains chinois mythiques qui gouvernèrent du début au milieu du troisième millénaire avant notre ère, inventa l'agriculture et la médecine par les plantes qu'il enseigna aux hommes. À ce titre il goûtait toutes les plantes que la nature prodigue. Un jour qu'il avait mâché une plante inconnue qui lui avait alourdi la tête et engourdi la langue, alors qu'il s'était assis contre un arbre pour se reposer, quelques jeunes feuilles de cet arbre tombèrent sur lui. Il les goûta, en apprécia le suave parfum et fut tout étonné, quelques instants après, de constater que sa langue n'était plus engourdie et que sa tête était redevenue légère et son esprit clair. L'arbre en question était un *Thea sinensis*, un théier. Voilà comment furent révélées à Shen Nung, qui les enseigna ensuite aux hommes, l'extase du thé et ses vertus.

Ainsi commença la longue histoire du thé. C'est bien plus tard, plus de trois mille ans après, au 8e siècle de notre ère, sous le règne de la dynastie Tang (618-907), que le thé devient un art, au même titre que la poésie, la peinture et la calligraphie, dont il est le compagnon fidèle. Au 8e siècle vécurent deux grandes figures majeures de l'histoire du thé. Le premier, surnommé le «Génie du thé», est Lu You (733-804), l'auteur du célèbre *Classique du thé. Le Classique du thé* entreprend la description des théiers et de leurs habitats, des outils nécessaires pour la cueillette, des méthodes de cueillette et d'élaboration des feuilles de thé, des modes et ustensiles d'infusion, des endroits où trouver les meilleures sources ainsi que des caractéristiques et propriétés de nombreuses variétés de thé. Pour Lu You le meilleur thé est celui poussant dans les jardins du mont Meng, au Sichuan, appelé le «Sommet caché» parce qu'un brouillard épais en recouvre en permanence les cinq pics qui forment une fleur de lotus. Outre pour sa saveur, il est très réputé pour ses propriétés médicinales. Selon Lu You le thé du «Sommet caché» est à son meilleur quand il est préparé avec l'eau de la source Chong-ling

puisée au milieu des tourbillons du Long fleuve
à l'ouest du Mont en or, près de Chen-chiang.

L'autre grand personnage du thé de l'époque
Tang, surnommé le « Fou du thé », est le poète Lu
Tung (795-835), resté célèbre en tant qu'auteur
du fameux poème de thé qu'il composa pour
remercier le censeur Meng de lui avoir envoyé
du thé nouveau :

le soleil est déjà haut de quinze pieds,
   mon sommeil encore profond
un messager frappant à la porte réveille l'homme
   endormi
il dit que le censeur m'envoie un colis
la gaze de soie blanche est cachetée à l'oblique
   de trois sceaux
j'ouvre le paquet, il me semble voir le visage
   du censeur
je compte trois cents « lunes rondes » de thé
il m'apprend que depuis le nouvel an on pénètre
   déjà dans la montagne
quand les insectes se réveillent et que la brise
   printanière se lève,
le fils du ciel demande à goûter le thé de Yang-hsien

c'est juste avant que les fleurs des cent plantes
    communes n'aient éclos
grâce au vent bienfaisant se forment des perles enfilées
le thé d'avant-le-printemps est issu des bourgeons
    jaune d'or
on les cueille tendres, on les étuve pour en exalter
    le parfum et aussitôt on les empaquette
la suprématie d'une telle quintessence n'est pas
    exagérée
l'empereur servi, le reste est distribué aux princes
    et aux ducs
quelle chance qu'il en arrive dans la maison
    de l'homme de la montagne
le portail en branchages est fermé, nul visiteur
    ne vient m'importuner
coiffé d'un bonnet en gaze, seul je prépare et sirote
    le thé
ce nuage émeraude, même avec l'aide du vent,
    ne saurait se dissiper
l'écume blanche scintille, sa lumière se concentre
    à la surface de la tasse
la première tasse humecte lèvres et gosier
la deuxième tasse chasse solitude et mélancolie
la troisième tasse va fouiller mes entrailles desséchées,
n'y trouvant que cinq mille rouleaux d'écrits

à la quatrième tasse transpire une légère sueur
les contrariétés de toute ma vie,
par tous les pores de ma peau, se dissipent
la cinquième tasse purifie chair et os
la sixième tasse me fait communier avec
    les immortels
la septième tasse, peut-être n'aurais-je pas dû
    la boire
je sens un vent frais naître sous mes aisselles

C'est précisément dans ce vent frais qui naît sous les aisselles à la septième tasse que réside l'extase du thé.

De nos jours, le plus réputé des thés verts est le Lung-ching, «le Puits du dragon», qui pousse sur plusieurs pics embrumés près du Lac de l'ouest à Hang-chow, dans le Chekiang. En l'an 250 un moine taoïste déclara avoir aperçu un dragon batifoler dans une source proche de Hang-chow. Près de la source, qui fut par la suite appelée Puits du dragon, s'installa un temple. Le thé de Lung-ching atteint l'ultime perfection quand il infuse dans l'eau de la source de «la Course du tigre», sise dans le domaine d'un temple proche des jardins de thé, ainsi appelée parce qu'un jour, lors d'une grande sécheresse au début du 9ᵉ siècle, un moine aperçut deux tigres courant dans le domaine du temple, et que, sous leurs pas, jaillit une source. Son eau, très douce et cristalline, en compagnie du thé du «Puits du dragon» donne une infusion semblable à un liquide de jade dont l'arôme imprègne longuement le palais, qu'on peut toujours savourer aujourd'hui dans la maison de thé du temple de la Course du tigre.

Mais le plus fameux des thés est sans doute le sublime et légendaire «Thé des singes». Selon une vieille histoire, l'hiver cette année-là (on ne sait laquelle exactement) fut particulièrement rigoureux dans les montagnes du Chekiang. Une neige épaisse recouvrait les montagnes et les arbres, les animaux mouraient de faim. Un jour une horde de singes envahit le monastère de la Sagesse céleste, au pied du mont Ying-t'ang, courant en tout sens, à moitié implorant, à moitié menaçant, comme disant : «Donnez-nous à manger, sinon nous allons tout casser et nous servir nous-mêmes. » Le vieux maître du monastère dit aux moines : « Le Bouddha nous a enseigné la compassion envers toutes les créatures vivantes. Ces singes, comme les humains, ont une nature de bouddha. Préparez des sacs de nourriture et distribuez-les aux singes. » Ceux-ci, en poussant de grands cris, s'emparèrent des sacs et s'enfuirent dans la montagne. Avec le printemps vint le moment d'aller faire la cueillette du nouveau thé. C'est alors que les singes descendant de la montagne arrivèrent dans la cour du monastère, traînant les mêmes sacs maintenant remplis de jeunes bourgeons de thé fraîchement cueillis. Le thé ayant été récolté sur des parois rocheuses à pic, inaccessibles à l'homme, se révéla d'une qualité extraordinaire. C'est ainsi que le thé du mont Ying-t'ang fut appelé « Thé des singes ».

Pointe enfin la question cruciale, car là se trouve l'aboutissement du processus : comment boire le thé ? Car on peut ruiner là un thé de sublime qualité et la source la plus pure. Certains parlent de « cérémonie » du thé, mais il faut être très prudent car l'excès de formalisme est tout aussi destructeur que l'absence totale de rite. On peut parodier la mise en garde du poète et moine zen japonais Ryokan (18ᵉ siècle) à propos de poésie : « Si vous comprenez que mes poèmes ne sont pas des poèmes, alors nous pourrons commencer à parler de poésie. » Si donc l'on comprend que boire le thé n'est en aucune manière une cérémonie, alors on peut commencer à parler de cérémonie du thé. De cérémonie poétique du thé. La couleur et la texture des fines feuilles de thé au creux de la main, le « son du vent dans les pins » quand l'eau commence à frémir, la musique de l'eau cascadant de la bouilloire dans la théière et de la théière dans la tasse, la présence et la rondeur de la théière en terre cuite, la couleur et le parfum du thé dans la tasse, son goût dans le palais, la dernière amertume qui y flotte, tous les sens sont sollicités pour révéler l'ultime saveur, l'ultime savoir du thé. Cela demande un état d'esprit, un état d'âme, disponible et ouvert à « ce qui arrive », une attention déférente et recueillie envers « ce qui se passe », d'accord au cours des choses. Là est le goût authentique du thé, son extase poétique. Les poèmes rassemblés dans ce chapitre suggèrent précisément ce dont il s'agit.

Réunion de thé avec Chao Chu
(Ch'ien Chi)

sous les bambous, oubliant les mots
    nous partageons le thé pourpre,
supérieur aux nuées mouvantes dont s'enivrent
    les immortels ailés
le cœur entièrement lavé de sa poussière,
    le plaisir est loin d'être épuisé
les ombres des arbres, remplis du chant
    des cigales, s'allongent

Avec Lu Shun buvant du thé du Tian-mu,
envoyé à Yuan Sheng
(Chia Yan)

c'est avec joie que je rencontre l'ermite
il offre le thé à son hôte rustre
quand le soleil éclaire le feuillage du puits à l'est,
sous la rosée il va cueillir des bourgeons de thé
    sur la montagne au nord
séché à feu doux, le parfum du thé est sublime
préparé avec l'eau fraîche de la source, son goût
    se bonifie
lorsqu'on jette le thé en poudre dans la bouilloire
    bouillonnante de l'écume se forme
versé dans la tasse, des fleurs se dessinent
    à la surface
comme depuis récemment j'étudie de plus près
    les soutras zen,
le thé fait se relâcher les mailles du filet
    du sommeil
je te sais sur le mont Tian-mu,
jouissant chaque jour de ce plaisir sans limites

Chant de dégustation du thé au monastère
du Mont de l'ouest
(Liu Yu-hsi)

derrière la galerie du monastère de montagne
  il y a plusieurs théiers
au printemps, au milieu des bambous
  resplendissants, les nouveaux bourgeons
  jaillissent
aussitôt, pour ton visiteur, tu secoues
  ton vêtement, te lèves,
et en personne vas longer les théiers odorants
  pour cueillir des « serres d'aigle[1] »
aussitôt étuvées, leur parfum remplit la pièce
puis tu verses de l'eau de la source au sable d'or
  qui jaillit au pied du perron
le bruit de l'averse dans les pins s'élève de
  la bouilloire à trépied
un nuage blanc remplit la tasse de fleurs flottantes
le parfum exaltant assaille le nez, dispersant
  l'ivresse de la nuit dernière

---

1. Les « serres d'aigle » sont les « petits bourgeons » de thé,
la qualité suprême.

pur et franc il pénètre jusqu'aux os, chassant
    tout souci
d'un précipice ensoleillé ou à l'ubac de
    la montagne, chaque thé a son caractère propre
mais celui issu d'un sol moussu abrité par
    des bambous est incomparable
bien que l'empereur légendaire du feu[1] l'ait goûté,
    il ne savait pas le préparer
si le « maître du paulownia[2] » en possédait
    la recette, il n'en appréciait guère le goût
les nouveaux bourgeons à moitié éclos
    ressemblent à des poings serrés
de la cueillette à la préparation à peine
    un instant s'est écoulé
son parfum suggère vaguement les magnolias
    imprégnés de rosée
la couleur des herbes de jade au bord des vagues
    ne saurait rivaliser
le moine affirme que son goût divin s'accorde
    avec la quiétude

_____

1. L'empereur légendaire du feu est Shen Nung, « le dieu
de l'agriculture », qui le premier découvrit les vertus du thé.
2. Le « maître du paulownia » est un célèbre médecin et
herboriste à l'époque du légendaire Empereur jaune.

pour son invité d'honneur il s'occupe en personne
    de ce thé rare
il n'hésite pas à l'empaqueter pour que j'en
    emporte à mon bureau de province
si l'eau des puits en brique et les réchauds
    en bronze gâtent sans doute sa noblesse,
que dire du thé de printemps du Sommet caché
    ou du mont Ku-chu,
qui, empaqueté et scellé avec un sceau rouge,
    court le vent et la poussière?
pour connaître le goût pur et limpide
    de cette écume fleurie,
il faut vivre allongé sur un rocher au milieu
    des nuages

Le seigneur Hsiao m'a envoyé du thé
nouveau du pays de Shu
(Po Chu-yi)

le colis de thé de Shu vient d'arriver, d'emblée
    je m'émerveille devant la fraîcheur du thé
lorsqu'il frémit avec l'eau de la Wei, je comprends
    alors combien il est précieux
la tasse remplie de cette liqueur laiteuse mérite
    vraiment d'être admirée
d'autant plus qu'au cœur du printemps le vin
    m'a donné soif

L'allée aux jeunes rameaux
(Yao He)

dans le jardin de pivoines l'allée est bordée
    de hauts arbres
je m'y promène en foulant l'ombre des jeunes
    rameaux
aujourd'hui la chaleur est accablante,
pourtant mes sandales en paille sont fraîches
j'aime cet endroit, je ne puis me résoudre à
    en partir
je casse des branches mortes pour préparer le thé

夏晝偶作
南州溽暑醉如酒
隱几熟眠開北牖
日午獨覺無餘聲
山童隔竹敲茶臼

Journée d'été, improvisation

Journée d'été, improvisation
(Liu Tsong-yuan)

dans la province du sud la chaleur d'étuve enivre
    comme du vin
appuyé à la table basse, je dors profondément
    sous la fenêtre ouverte au nord
au soleil de midi seul je me réveille,
    pas le moindre bruit
de l'autre côté du bosquet de bambous le garçon
    de la montagne concasse une brique de thé
    dans le mortier

Quémandant du thé nouveau
(Yao He)

le thé « Ruisseau émeraude printanier » est d'un
    vert tendre tirant vers le jaune
j'ai entendu dire qu'au moment de la cueillette
    on s'abstient de manger de l'ail et de l'oignon
je ne l'achète pas avec de l'argent mais
    le quémande avec des poèmes
demandez aux montagnards s'il y en a beaucoup
    dans mon cas

Remerciant celui qui m'a envoyé de l'eau
d'une source de montagne
(Lu Kuei-mang)

«chue chue» la source printanière jaillit de la grotte
    brumeuse
la jarre en pierre est scellée et expédiée jusqu'à
    ma demeure d'homme sauvage
pour retenir le moine dans ma chaumière
    toute la journée,
je vais moi-même au bord du torrent cueillir
    les bourgeons de thé

Un vieil ami m'a envoyé du thé
(Tsao Yip)

au-delà de la Passe de l'épée, d'une myriade
    de plantes c'est la reine
le colis m'est parvenu du palais de jade
au moment où je l'ouvre la nouvelle lune monte
à l'endroit où je concasse la brique de thé
    murmure une source
au milieu de la nuit arrive un moine
    que j'ai convié
fredonnant un poème, sous la lune je prépare
    le thé
des fragments de feuilles de thé émeraude
    se déposent
monte le parfum de l'écume fleurie et légère
des six organes se dissipe l'envie de dormir
plusieurs jours durant mon inspiration poétique
    s'en trouve purifiée
le reste de la brique de thé je ne saurais gaspiller
je le garde pour m'accompagner lorsque
    je calligraphie

Remerciant Chu, du cabinet impérial,
qui m'a envoyé du thé de Shu
et du papier de Shan
(Hsui Tao-yong)

le thé en poudre de jade émeraude est parfumé,
   la source fraîche
le son du vent impétueux et de la pluie d'averse[1]
   s'élève avec la fumée du réchaud
une tasse me dégrise de mon ivresse montagnarde
je me sens devenir léger, prêt à monter au ciel

---

1. C'est lorsqu'on entend dans la bouilloire le son du
vent et d'une pluie d'averse que l'eau est à la température
optimale.

Le coteau de thé
(Lu Hsi-sing)

au deuxième mois, en montagne, le ciel
    de la Pluie des semailles[1]
sur la moitié du coteau la couleur éclatante
    des théiers odorants imprégnés de rosée
au printemps, patraque au réveil de l'ivresse,
    pour chasser la soif,
je cueille soigneusement les nouveaux bourgeons
    de thé et les prépare aussitôt

---

1. La Pluie des semailles correspond au 18ᵉ jour du
3ᵉ mois.

Remerciant un ami qui m'a envoyé
du thé nouveau de Sommet caché
(Wen Tung)

le thé du pays de Shu jouit d'une suprême
     réputation
celui du Sommet caché[1] a un goût unique, sublime
ses racines magiques ont pris refuge sur ce haut
     sommet
en cet emplacement bénéfique le printemps
     est précoce
quelques théiers se réveillent à la première
     douceur
une kyrielle de paniers se précipitent alors
     pour cueillir le thé de primeur
au milieu des grandes branches on recherche
     les bourgeons pas encore éclos
les sépales pourpres tombent comme des écailles
     légères,
des bribes d'un beau jade lumineux
étalés, ils sont d'un vert uniforme et harmonieux

---

1. Le thé du Sommet caché pousse dans les jardins du
mont Meng, au pays de Shu (le Sichuan).

on les étuve sur un feu doux, il faut prendre
    garde aux charbons trop ardents
moulus à plusieurs reprises, ils rivalisent avec
    une fine poussière
on a fait venir au pays de Shu l'eau de la source
    du mont Hui,
et des tasses à thé de Chian Siao du pays de Chin
on fouette avec précaution cette neige poudreuse
une gorgée, on avale le Fleuve céleste
il chasse le sommeil, plus de démon pour
    nous égarer
allègre je fredonne un poème, plein d'entrain
une pureté de glace et de givre pénètre
    jusqu'aux os
comme dans un battement d'ailes mon corps
    s'élève presque
le gouverneur, magnanime et bienveillant,
avec générosité m'en a fait cadeau
le maître de la Source de jade n'aura plus ainsi
    la gorge desséchée
aussi longtemps que faire se peut, ne te lasse
    surtout pas de m'en envoyer

Sur l'air de « la Rivière où l'on rince la soie »
(Su Tung-po)

« su su » sur mon vêtement et mon bonnet
    tombent les fleurs des jujubiers
au sud du village, au nord du village, le bruit
    des roues filant la soie
adossé à un vieux saule, quelqu'un vend
    des citrouilles
ivre j'aimerais tant dormir, la route est encore
    longue
le soleil est haut, assoiffé j'ai très envie de thé
je frappe à une porte pour en demander à
    un villageois

Puisant de l'eau dans la rivière
pour préparer le thé
(Su Tung-po)

l'eau vive a besoin d'un feu vif pour bouillir
je me rends au rocher où l'on pêche pour puiser
     dans l'onde profonde et limpide
avec une grande calebasse emprisonnant la lune,
     je la transvase dans la jarre
avec une petite louche je remplis la bouilloire
     nocturne d'eau de la rivière
quand frémit le thé une écume neigeuse
     se forme
au moment où l'on entend le vent dans les pins,
     il faut tout de suite servir
mes entrailles desséchées pas encore complètement
     humidifiées, j'arrête à la troisième tasse
assis, j'écoute dans la ville déserte les coups longs
     et courts qui annoncent l'heure

Transplantant un théier
(Lo Tai-ching)

au milieu des pins un théier a élu domicile
les pins et lui sont tous deux malingres
même les ronces ne peuvent s'acclimater
sous ce couvert sombre les branches s'enchevêtrent
le ciel l'a abandonné,
à cent ans il est encore chétif
bien que les bourgeons pourpres ne soient pas
      très longs,
les racines éparses sont toujours pleines de vie
je le transplante sur la montagne de la Grue
      blanche
après la pluie printanière la terre est ramollie,
dix jours de suite le temps est resté couvert
comme si le fait de se voir accorder une tardive
      prospérité
lui faisait oublier le traumatisme d'être déplacé,
      transplanté,
à foison apparaissent des bourgeons
      en « becs d'oiseau »
s'il n'y en a pas assez pour les piler au mortier,

il y en a suffisamment pour en cueillir
    et en humer le parfum
les milles lunes de thé de tribut pour
    approvisionner la cour,
les cent galettes dont on vante les mérites
    dans les réunions privées,
ne sauraient être comparées à une gorgée
    de ce thé
son goût est issu de mon propre jardin

Composé dans l'oisiveté
(Lu Yu)

ne riez pas si j'ai construit ma hutte au pays
    des poissons et des rizières
je vis à l'aise, n'ayant rien à envier aux palais
m'apprêtant à déguster du thé étuvé dans un four
    impérial, j'ouvre son emballage en bambou tressé
de l'eau puisée à la source Chong-ling je guette
    moi-même le frémissement
sur la petite table, avec du cinabre broyé le matin
    je ponctue le «Classique du changement»
la tenture tirée, le sol balayé, la journée je brûle
    de l'encens
là est ma richesse, peut-être le comprendrez-vous
nul besoin d'un serviteur vêtu de fourrure de
    martre dorée pour assister l'empereur pourpre

La sieste
(Lu Yu)

sous l'auvent en chaume un simple potage
    de chénopode
j'en maîtrise parfaitement la cuisson, on dirait
    un mets raffiné cuisiné dans un tripode
les gens ignorent la saveur sublime des livres
le sens profond littéraire me satisfait plus que
    des mets de choix
le vieil homme a joui de ces deux choses-là
    depuis soixante-dix années
j'ai honte que le ciel soit aussi indulgent
    envers moi
à la source limpide je rince le chaudron pour
    préparer le thé de la montagne
plein le lit le vent des pins, en pleine journée
    je m'endors

Composé dans le studio
(Lu Yu)

à la fenêtre à l'ouest le soleil a dépassé midi
j'ai faim, je m'assieds les yeux brouillés
je prends un pinceau et calligraphie un petit poème
l'encre a séché, les caractères sont penchés
en un bref instant déjà ils remplissent une feuille,
voletant comme des corbeaux dans le vent
bien que je j'aie nullement l'autorité des anciens,
ma simplicité et ma maladresse ont fini par
    former un style
j'ai beau savoir que la pluie s'infiltre
    dans les murs,
je n'ai pas honte de dessiner dans le sable
    avec une badine
soudain on m'annonce que le repas de haricots
    est prêt
je pose mon pinceau, ma joie est sans borne
j'appelle un garçon, qu'il aille ramasser du bois
    mort au bord du torrent,
pour goûter le thé domestique qui pousse
    sur la montagne

歲晚幽興

梅出疏籬柳拂池　流年已迫早春時

壯心卓犖猶欺酒　老業呻吟未廢詩

眼暗觀書如隔霧　齒疏囓飯似牛嚼

風爐欲試蒼鷹爪　自向林間拾墮枝

Plaisirs poétiques de la fin de l'année

Plaisirs poétiques de la fin de l'année
(Lu Yu)

les pruniers surgissent des haies éparses, les saules
    frôlent l'étang
l'année se termine, déjà pointe le début
    du printemps
le cœur gonflé de hardiesse j'abuse encore du vin
pour occuper mes vieux jours je fredonne et
    ne délaisse jamais les poèmes
quand je lis un livre mes yeux assombris
    sont comme piqués par des ronces
édenté je mâche le riz comme broute une vache
j'installe le réchaud, impatient de goûter le thé
    de «serres d'aigle»,
et seul vais dans la forêt ramasser quelques
    branches mortes

Fin du printemps, divers plaisirs
des champs et des jardins
(Fan Cheng-ta)

les papillons par deux folâtrent dans le colza
    en fleur
la journée est longue, nul visiteur dans les maisons
    des paysans
les poulets en s'envolant traversent la haie,
    les chiens aboient,
annonçant l'arrivée du marchand ambulant
    qui vient acheter du thé

Premier jour du deuxième mois,
dans la pluie et le froid
(Yang Wan-li)

les fenêtres sont toutes calfeutrées, les portes
    bien fermées
la théière sur le feu, face au poêle je me réchauffe
qu'on ne balaye pas les flaques d'eau dans
    la cour
j'aime regarder les gouttes de pluie y faire
    des dessins

Plaisir de l'oisiveté
(Wen Cheng-ming)

au milieu de la mousse verte épaisse et des arbres
   verdoyants, la demeure de l'homme sauvage
un livre à la main tandis que le brûle-encens
   embaume, mon sentiment est serein
qu'on ne me dise pas que lorsqu'un invité arrive
   je n'ai rien à lui offrir
une tasse de thé de Yang-hsien[1] d'avant la Pluie
   des semailles

---

1. Le thé de Yang-hsien est un thé de tribut impérial très
réputé.

Dégustation de thé
(Yuan Mei)

les gens du Fukien cultivent le thé au lieu
    de cultiver le riz
on mobilise les chariots pour le transporter,
    leur nombre dépasse mille ou dix mille
en arrivant ici j'entre d'emblée dans le pays du thé
d'humeur badine, j'ai le sourire aux lèvres
le taoïste, prenant une contenance fière, vante
    l'exquisité du thé
de sa manche il sort une théière en porcelaine,
    petite comme une bille
dès que la tasse est bue, on la remplit à nouveau
voir un homme boire comme un oiseau
    est cocasse
j'ai entendu dire que ce thé pousse dans les fentes
    des rochers
«bouton d'or» ou «bourgeon en perle»,
    l'appellation diffère
la pluie cinglante et le soleil brûlant
    ne l'atteignent pas

ces quelques arbustes magiques renferment toute
la pureté de l'univers
la cueillette a lieu au moment propice, le séchage
a son secret
le préparer a sa recette, le boire a son rituel
c'est comme pour le vin, fort ou léger,
ce n'est pas là chose ordinaire,
le vin métamorphose l'homme, il ne faut jamais
l'offrir à la légère
fasciné par sa renommée je suis tout
particulièrement attentif
je le sirote lentement, à la recherche du goût
au-delà du goût
dans la tasse déjà vide, le parfum ne s'est pas
encore dissipé
quand la langue est au repos monte un goût suave
je suis émerveillé que dans le monde des hommes
existe cette saveur suprême
le moindre instant d'inattention en fait perdre
le goût authentique
Lu Tung[1], qui coiffé d'un bonnet avalait sept tasses,
était-il vraiment un connaisseur de thé?

---

1. Lu Tung (795-835), le «Fou du thé».

5. Les livres

Quant aux livres, avec le *Classique du tao et de ses vertus*, le *Chuang-tzu*, le *Classique du changement*, le *Classique des montagnes et des mers*, quelques soutras et bien entendu des recueils de poèmes, on est paré pour accompagner le cours des choses, comme Tao Yuan-ming :

étudiant le Classique des montagnes et des mers

c'est le début de l'été, herbes et arbres sont luxuriants
les arbres feuillus entourant la maison déploient
*   leur ombrage*
les oiseaux se réjouissent d'y trouver refuge
j'aime moi aussi ma chaumière
comme j'ai déjà labouré et même semé,
j'ai du temps pour lire mes livres
mon allée à l'écart est loin des grandes avenues,
même les carrosses des vieux amis font demi-tour
joyeux je bois le vin printanier,

et cueille des légumes dans le potager
une pluie légère vient de l'est,
un bon vent arrive en même temps
je feuillette les aventures du roi de Chou[1],
promène mon regard sur les images des montagnes
*   et des mers*
le temps de baisser la tête et de la relever, j'ai
*   parcouru l'univers*
pour se réjouir, que faut-il de plus ?

Le vent semble l'avoir compris, sous le pinceau de Yuan Mei ((1716-1797) :

l'éclaircie

sur la mousse verte qui recouvre la terre, le début
*   de l'éclaircie*
sous les arbres verdoyants, de la sieste je me réveille,
*   personne*
seul le vent du sud, ancienne connaissance,
ouvre furtivement la porte et feuillette un livre

_____

1. Les aventures du légendaire roi Mu, roi de Chou, relate les voyages fantastiques de celui-ci au-delà des quatre mers qui entourent l'Empire du milieu, dans son carrosse tiré par huit chevaux.

Yang Wan-li (1127-1206) reçut un jour de son ami Wu Te-hua une nouvelle édition d'un recueil de poèmes de Su Tung-po (1037-1101). Pour le remercier il lui adressa la lettre suivante :

« L'or jaune, le jade blanc, des perles claires comme la lune, des chansons limpides, des danses merveilleuses, une jeune beauté à renverser une ville, les autres ont tout cela, moi seul n'ai rien. Comme Hsiang-yu, je n'ai que quatre murs pour m'entourer. À part cela j'ai aussi une étagère de livres. Si elle ne suffit à me rassasier, au moins elle rassasie les poissons d'argent. Un vieil ami au loin vient de m'envoyer un recueil de Tung-po. Les vieux livres quittent tous la natte pour lui céder la place. Quand j'étais un enfant espiègle, pour les cent jeux je n'étais pas paresseux, mais quand il s'agissait d'étudier, exprès je me levais tard. Mon père se fâchait, blâmait son fils sot et m'ordonnait, l'estomac affamé, de dévorer de vieux livres rongés. Avec la vieillesse, pour les dix mille choses je suis à la traîne derrière les autres. Quand avec nonchalance je prends un vieux livre pour occuper mes yeux malades, dès qu'ils rencontrent le livre mes yeux malades se brouillent. Les caractères gros comme des mouches deviennent de

vieux corbeaux. Mes yeux malades, que peuvent-ils donc faire avec de vieux livres ? Quand je feuillette un vieux livre, tout le long je soupire. Ce recueil de Tung-po je l'avais déjà, mais avant d'arriver au dernier chapitre j'abandonnais. L'encre y est imprimée de façon floue, le papier n'est pas bon. Ni bon papier ni bonne calligraphie. Mais le texte vient d'être gravé sur du bois de jujubier de Fu-sha. La gravure fidèle, vigoureuse et svelte ne trahit pas l'original. Le papier est comme un cocon de couleur de neige qu'on tire d'une bassine de jade, les caractères comme le dessin des oies sauvages du givre sur fond de nuages d'automne. Avec la vieillesse mes deux yeux voient comme à travers le brouillard. Quand ils croisent des saules, quand ils croisent des fleurs, ils ne les remarquent même plus. Mais chaque fois qu'ils croisent un beau livre neuf, toute la journée ils l'apprécient, ne veulent plus le quitter. Tung-po est encore plus fou que moi, il a refusé de troquer sa veste de toile grossière pour devenir l'un des trois grands ministres. De son pinceau surgit un langage étonnant, à balayer les écrits de dix mille générations de baudets. Vieil ami, tu t'apitoies sur celui qui en vieillissant devient plus obtus. Au lieu de m'envoyer un élixir pour soigner mes os malades, *tu m'envoies ce livre pour me bousculer un peu. Je gratte ma tête blanche jusqu'à ce que la lampe bleue s'éteigne. »*

早春

雪消冰又釋　景和風復暄

滿庭田地濕　薺葉生墻根

官舍悄無事　日西斜掩門

不開莊老卷　欲與何人言

Début du printemps

Début du printemps
(Po Chu-yi)

la neige se dissipe, la glace fond
le paysage s'adoucit, le vent se fait suave
dans toute la cour la terre est humide
des bourses-à-pasteur poussent au pied du mur
ma résidence officielle est silencieuse,
    plus aucune affaire à régler
à l'ouest le soleil décline, on ferme le portail
si je n'ouvrais pas mes livres de Lao et Chuang[1],
avec qui converserais-je ?

---

1. Lao et Chuang : Lao-tzu (5ᵉ siècle av.) et Chuang-tzu (4ᵉ siècle av.), les deux célèbres philosophes taoïstes.

Passant la nuit au temple Tung-lin
(Po Chu-yi)

je lis un soutra devant la fenêtre, la flamme
      de la lampe est courte
dans le poêle du moine un feu à l'allure vive
soirée maussade sur le mont Lu
je passe la nuit au Tung-lin sous une tempête
      de neige

Dans la jonque, lisant des poèmes
de Yuan Chen
(Po Chu-yi)

tenant un recueil de tes poèmes, je lis
    attentivement
les poèmes terminés, la lampe vacille, il ne fait pas
    encore jour
les yeux endoloris, j'éteins la lampe et reste assis
    dans l'obscurité
le vent contraire souffle sur les vagues,
    elles tapent contre la jonque

Dans la montagne, seul fredonnant
(Po Chu-yi)

chaque homme a sa passion
ma passion c'est la poésie
les dix mille liens je les ai tous brisés,
seul de ce travers je ne me suis pas encore
    débarrassé
chaque fois que je croise un beau paysage,
ou que je suis en compagnie d'un vieil ami,
à haute voix je fredonne un poème,
enthousiaste, comme touché par la grâce
depuis que je suis l'hôte du Fleuve,
la moitié du temps j'ai séjourné dans la montagne
parfois, après avoir terminé un nouveau poème,
seul je monte le sentier vers le rocher à l'est
le corps adossé à la falaise en roche blanche,
la main agrippant un cannelier vert,
je chante follement, à en faire tressaillir
    les forêts et les vallées
les singes et les oiseaux me regardent à la dérobée
craignant de devenir la risée du monde,
j'ai choisi un endroit où personne ne vient jamais

Fin du printemps, décrivant ce qui se passe
(Ye Tsai)

par deux les moineaux sautillent sur la table
    où sont posés les livres
comme des flocons les chatons des saules
    se déposent sur la pierre à encre
assis oisivement à la petite fenêtre, je lis
    le « Classique du changement »,
ignorant depuis combien de temps le printemps
    a commencé

Givre à l'aube
(Lu Yu)

le givre blanc souligne les arêtes des toits
    des maisons
dans la forêt pas la moindre feuille verte
enveloppé dans une couverture en papier
    je frissonne
le souffle du vent émet un léger bruissement
le vin est terminé, dans ma coupe encore
    quelques gouttes
la cendre est épaisse, à tisonner le feu jaillissent
    des étincelles
n'ayant rien à faire, devant la fenêtre rustique,
assis silencieusement, je me nourris
    des « Classiques de la Cour jaune »[1]

---

1. Les *classiques de la Cour jaune* : les classiques taoïstes.

Au début de l'hiver, visite au temple
des Nuages de la Voie
(Lu Yu)

à l'aube le soleil peu à peu s'illumine, la rosée
    ne s'est pas encore dissipée
dans les régions de l'est c'est seulement
    au dixième mois qu'il commence à faire froid
les buffles sont oisifs, partout les travaux agricoles
    sont terminés
le riz est bon marché, dans tous les foyers
    les coupes de vin sont généreusement remplies
sur la berge brumeuse des mouettes blanches
    accueillent le bruit de mes rames
accoudé à une balustrade j'aperçois un village
    de pêcheurs aux arbres rouges
de retour dans la barque, je n'ai aucun regret
    de n'avoir personne avec qui discuter
un recueil de poèmes de Tao Yuan-ming
    dans la main, allongé sur le côté je lis

Composé au Pavillon de la tortue
(Lu Yu)

« siao siao » une pluie froide et monotone,
    pas la moindre éclaircie
pêle-mêle les livres m'entourent, je suis assis
    au milieu de leur désordre
soudain j'entends que le vin nouveau
    de la petite jarre est mûr
à la hâte j'appelle un garçon, qu'il aille rincer
    ma coupe ébréchée

Le petit jardin
(Lu Yu)

dans le petit jardin les herbes comme de la fumée
    gagnent la maison voisine
à l'ombre des mûriers un chemin sinueux
allongé à lire des poèmes de Tao Yuan-ming,
    bien que n'ayant pas encore terminé le recueil,
je profite de la pluie fine pour aller biner
    les courges

La nouvelle éclaircie
(Lu Yu)

j'ai raccroché ma coiffe officielle pour accomplir
    sur les lacs mon vœu initial
insouciant je me caresse le ventre, l'aise abonde
le potage cuisiné avec des légumes sauvages
    est naturellement savoureux
sur le chaume de la maison l'herbe pousse,
    ma demeure est tranquille
des tavernes je suis un familier, dans toutes
    on me fait crédit pour le vin
les voisins sont sympathiques, ils me prêtent
    leur âne
la nouvelle éclaircie me réjouit, la fenêtre
    est pleine de soleil
j'étiquette et range les livres de toute une étagère

Décrivant mon bonheur
(Lu Yu)

dans le pot en grès il y a encore de la nourriture
dans la cuisine de l'homme de la montagne
    la fumée jamais ne s'interrompt
depuis que j'ai congédié le médecin je suis
    moins malade
c'est sans recette que l'on peut naturellement
    jouir d'une longue vie
ma maison est comme un esquif au milieu de
    la brume et des vagues
le corps oisif, je suis pareil à un immortel sur terre
c'est à la fenêtre à l'est que se trouve le meilleur
    endroit
toute la journée j'y lis le livre de Chuang-tzu

Séjour oisif au début de l'été
(Lu Yu)

sirotant du thé une brise fraîche naît sous
    mes deux aisselles
le studio de l'ouest, élégamment meublé, comble
    mon sentiment poétique
mon vêtement a fini d'être parfumé, l'encensoir
    a refroidi
j'ouvre un livre, ma lecture terminée paresseux
    je le laisse étalé
pour faire leur nid les hirondelles ne distinguent
    pas entre maisons pauvres et riches
les tourterelles qui roucoulent se moquent
    que le temps soit beau ou couvert
comme avec toute chose je n'ai plus aucune
    attache,
en calligraphie cursive mes nouveaux poèmes
    à la suite j'achève

Le pavillon de l'allégresse suprême
(Lu Yu)

dans la poussière jaune et le soleil ardent la sueur
    a trempé mon vêtement
au milieu des bambous on prépare le thé, ma joie
    est à son comble
il convient d'en rire, le «vieil homme qui n'en
    fait qu'à sa guise[1]» a eu une idée de génie
emprunter ton pavillon sur l'étang
    pour y consulter tes livres

----

1. Le «vieil homme qui n'en fait qu'à sa guise» est le nom
de plume de Lu Yu.

Confiant mon sentiment
(Lu Yu)

le vieux lettré dévore des livres, toutes sortes
    de livres rares
tard dans la journée j'oublie de manger, la nuit
    je néglige de dormir
le «Classique de la piété filiale», qu'au cours de
    ma vie je n'ai cessé d'appliquer,
et les Six classiques confucéens sont disposés
    devant moi
palais somptueux et mets raffinés n'ont jamais été
    mon aspiration
les grandes résidences aux murs imposants ne sont
    elles aussi que l'auberge de voyageurs
je me moque de mes contemporains qui
    préparent minutieusement leur retraite
vieux je n'ai besoin que de quelques livres

Nuit froide, lisant un livre
(Lu Yu)

à la fenêtre au nord, la chaleur du feu
    dans le poêle bourré qui rougeoie
au milieu de la nuit le vent soulève des vagues
    dans le genévrier antique
vieux je persiste à aimer les livres, mon cœur
    jamais ne s'en lasse
dans une vie prochaine je crains de figurer
    parmi les poissons d'argent

書適

老翁垂七十　其實似童兒
山果啼呼覓　鄉儺喜笑隨
群嬉矗瓦塔　獨立照盆池
更挾殘書讀　渾如上學時

Exprimant mon aise

Exprimant mon aise
(Lu Yu)

vieillard, j'aurai bientôt soixante-dix ans
en vérité je suis comme un enfant
je crie quand je trouve des fruits sauvages
joyeux, en riant j'emboîte le pas au sorcier
    du village
avec une bande d'enfants nous nous amusons
    à construire une petite pagode en tuiles
seul, debout je me mire dans le bassin,
un vieux livre sous le bras,
exactement comme lorsque j'allais à l'école

Récemment j'ai aménagé une petite pièce
(Lu Yu)

j'ai fermé l'auvent pour aménager une petite pièce
on ne peut y loger qu'une table
à l'est il y a une fenêtre, c'est là que je lis
le soleil naissant remplit la fenêtre en papier
mes yeux brouillés aussitôt deviennent clairs
    et limpides
je ne crains même pas les caractères de fourmis
à voix chaude et bien timbrée je scande,
tandis que mon petit-fils essaie de m'accompagner
combien d'années me reste-t-il à vivre?
une chose me réjouit particulièrement
c'est quand le garçon de montagne m'annonce
    que le riz est cuit
je ferme alors le livre et me lève

Étudiant les livres
(Lu Yu)

à l'écart je me suis réfugié, au bord des fleuves
    et des lacs,
séjournant sagement au milieu du vent
    et de la pluie
le papier neuf à la fenêtre est extrêmement blanc
dans le poêle chaud le feu vif rougeoie
marque-pages et étuis de livres je viens à l'instant
    d'arranger
la prononciation et la forme des caractères
    j'étudie en détail
si je ne meurs pas bientôt et surmonte
    la décrépitude,
pendant dix années encore je me consacrerai
    à l'étude

Au début de l'hiver
(Lu Yu)

enfant j'aimais les livres, j'en négligeais
   les cent affaires
le riz refroidissait, les morceaux de viande
   séchaient, on m'appelait mais je ne venais pas
toute ma vie cela m'a fait du tort, jusqu'au bout
   je n'aurai donc pas compris
vieux me voilà devenu un poisson d'argent,
   j'en soupire de consternation

Passant par le relais de la Roue à aubes
(Yang Wan-li)

dans le palanquin lisant un livre, en pleine
   journée je m'endors
dans le rêve des vagues effrayantes secouent
   ma barque de pêcheur
quand je me réveille le vent souffle sur le livre
   en tous sens
je n'arrive plus à trouver le chapitre d'avant
   et le chapitre d'après

Journée de congé, la matinée est belle,
je vais lire au kiosque de la Récolte abondante
(Yang Wan-li)

ce matin, je me lève tôt, glisse un livre
    dans ma manche,
et sans tarder monte au kiosque pour me prélasser
des traces de rosée, les étoiles et la lune
    sont encore là
ni fenêtre ni porte, il y a un bon air vif
tout à coup je sens que mon vieux corps, usé,
ne supporte même plus les vêtements en lin
hier la chaleur a été difficile à endurer,
aussi la fraîcheur de ce matin est-elle délicieuse
au loin, des oiseaux blancs, on dirait des papillons
le chant des cigales noires, on dirait un poème
la couleur des pins me purifie l'esprit
le parfum des lotus me rafraîchit le foie
tristesse et joie soudain n'existent plus
j'en oublie même mon corps
mon jeune fils ignore tout de cela
il m'appelle pour le déjeuner

Après avoir reçu une délégation étrangère,
de retour tard dans la nuit
(Yang Wan-li)

je me lève et vais regarder le ciel, il fait nuit noire
un plein ciel sans une seule étoile
soudain, c'est étonnant, la terre devient de l'eau,
le clair de lune inonde la cour
mon pinceau ignore les générations passées
l'ivresse n'accepte pas de laisser la coupe vide
il est tard, mon fils est en train de réciter sa leçon
je me mets à écouter attentivement

Fin du printemps, la nuit, assis
(Yang Wan-li)

de douleur j'implore le ciel, mais le ciel
    qu'en sait-il?
ou bien il le sait mais il s'en moque
par hasard je tombe sur un recueil de Po Chu-yi[1]
m'est accordé un petit moment d'allégresse

---

1. Po Chu-yi (772-846), célèbre poète de l'époque Tang.

Chanson de lassitude
(Yang Wan-li)

*Contrariés par le vent, nous amarrons près d'un
îlot à côté du mont Kan-lang, au milieu du lac Po-
yang. Nous passons là trois nuits. Je compose cette
chanson de lassitude.*

la vue des livres m'est devenue insupportable
les poèmes j'en ai vraiment assez, je ne veux
    même plus en entendre parler
le cœur du voyageur est contrarié, rien
    pour me distraire
sur la fenêtre en papier huilé j'essaie de compter
    les gouttes de pluie

Ne lisez pas de livres
(Yang Wan-li)

ne lisez pas de livres, ne composez pas de poèmes
lire des livres dessèche les deux yeux jusqu'à l'os
composer des poèmes arrache chaque mot
    au cœur
les gens disent que lire des livres est réjouissant
les gens disent que composer des poèmes
    est gratifiant
si vos lèvres émettent sans cesse le cri des insectes
    d'automne,
cela vous rend maigre, cela vous rend vieux
que vous deveniez maigre ou vieux, après tout
    peu importe
mais les autres entendent, cela les indispose
mieux vaut rester assis dans le studio,
    les yeux fermés,
le sol balayé, store baissé, tandis que brûle l'encens
j'écoute le vent, j'écoute la pluie, chacun
    a sa saveur
en forme je vais me promener, fatigué je vais
    m'allonger

Le soir, écoutant Hsiao Po-ho
faire la lecture à son fils
(Yang Wan-li)

quand j'étais jeune je dévorais livre après livre,
    j'en devenais maigre, chétif
jamais la lampe ne s'éloignait de moi
aujourd'hui, vieux et paresseux, ça n'est plus
    possible
allongé, j'écoute le voisin dans son studio, le soir,
    faire la lecture

Dans l'éclaircie au milieu de la neige, près de
la fenêtre ouverte j'ouvre un recueil de poèmes
Tang et y trouve un pétale de fleur de pêcher,
qui me laisse songeur.
                        (Yang Wan-li)

ce matin, devant la fenêtre de neige, au hasard
     j'ouvre un recueil de poèmes
dedans, un pétale de fleur de pêcher, encore frais
je me souviens d'avoir emporté ces poèmes
     pour lire sous les fleurs
c'était au printemps, bientôt une année déjà

le 9ᵉ jour du 12ᵉ mois, la nuit la neige fond,
je me lève et attends l'aube
(Wei Li-yang)

le son d'une cloche lointaine arrive jusqu'à
    mon oreiller, l'éclaircie après la neige
la couverture est comme du fer, froide et raide,
    impossible d'entrer dans le rêve
je me lève et vais lire en face du prunier en fleurs
    le « Classique du changement »
à la fenêtre le clair de lune, aux quatre coins
    du toit le bruit des gouttes

Vivant retiré
(Yuan Shi-yuan)

le portail en branchages est fermé, le sentier
    est couvert de mousse
assis je regarde le soleil tourner
j'ai fini de lire tous les livres de l'étagère,
    pas un seul visiteur n'est venu
le vent souffle les pétales des fleurs par-dessus
    le mur

Impromptu
(Yuan Mei)

aimer les livres est une grâce naturelle
mais sans inspiration aucun talent ne peut
    s'exprimer
d'humeur à composer un poème, je congédie
    mes visiteurs
j'ouvre les fenêtres de la bibliothèque et laisse
    entrer les montagnes

Exprimant mon sentiment
(Yuan Mei)

les bambous entourent le portail en branchages,
    l'eau entoure ma chaumière
depuis quarante années je compose ici
    sur le thème du séjour oisif
les hérons petit à petit ont été initiés
    à la littérature et à l'encre
haut perchés sur les branches des pins,
    ils me regardent en train d'écrire

Exprimant mon sentiment
(Yuan Mei)

après avoir balayé par terre je brûle de l'encens,
    le cœur en paix
dans mes années de décrépitude je m'adonne
    à l'étude comme l'érudit Cheng Kang-cheng[1]
quand j'ouvre un livre j'aime aller m'asseoir
    à la fenêtre à l'ouest,
et profiter, au soleil couchant, d'un moment
    supplémentaire de luminosité

---

1. Cheng Kang-cheng, grand érudit des Han de l'est
(25-220).

遣懷雜詩

少年愛讀書　　徑徑守章句
衰年愛讀書　　消遣領其趣
雖然讀輒忘　　過眼皆吾有
書味有胸中　　甘于飲陳酒

Exprimant mon sentiment

Exprimant mon sentiment
(Yuan Mei)

jeune j'aimais les livres
j'examinais méticuleusement chaque phrase
décrépit, si j'aime toujours les livres,
c'est plus pour me distraire et en saisir le sens
    général
bien que ce que je viens de lire aussitôt je l'oublie,
tout ce qui a défilé devant mes yeux est devenu
    une partie de moi-même
le goût des livres est au fond de ma poitrine,
plus suave que celui d'un vin vieux

Poème sur mes années de décrépitude
(Yuan Mei)

si j'ai balayé beaucoup d'habitudes invétérées,
    toutes n'ont pas été extirpées
sous la lampe, à étudier j'occupe mon loisir
tout ce que je copie, tout ce que je note,
    tout cela je l'oublie
j'ai par contre encore en tête tous les livres
    qu'enfant j'ai lus

Poème
(Yuan Mei)

à l'âge de la décrépitude souvent je tiens un livre
    dans la main
à part ça il n'y a rien d'autre pour réjouir
    mes yeux
c'est juste pour me divertir, pas pour m'adonner
    à l'étude
ce sentiment, seuls les poissons d'argent
    le connaissent

6. La musique

Il est deux fameux personnages, restés célèbres dans la mémoire collective chinoise, qui se présentent à l'esprit quand on évoque la musique : Po Ya et Chong Tsi-chi, qui vécurent quelque part entre les 8ᵉ et 5ᵉ siècles avant notre ère. Po Ya était un sublime et célèbre joueur de ch'in, l'instrument par excellence du lettré. Chong Tsi-chi, bûcheron de son état, était un fin connaisseur et auditeur de ch'in. Quand l'intention musicale de Po Ya était d'évoquer les hautes montagnes, Chong Tsi-chi s'exclamait : « Quelle hauteur ! » Quand son intention était d'évoquer les rivières et les océans, Chong Tsi-chi s'exclamait : « Vastes sont les grands flots ! » Tout ce que Po Ya cherchait à exprimer, Chong Tsi-chi le comprenait. Po Ya remarquait : « C'est incroyable, ton cœur et le mien sont identiques. » Lorsque Chong Tsi-chi mourut, Po Ya cassa les cordes de son instrument et ne joua plus jamais de ch'in.

Dans le poème qui suit, Li Po (701-761) nous donne à entendre le son du ch'in :

écoutant le moine Chun, du pays de Shu,
jouer du ch'in

le moine de Shu, portant son ch'in précieux,
arrive du mont O-mei à l'ouest
pour moi un seul geste de sa main,
j'entends les pins de dix mille ravins
le voyageur en a le cœur comme lavé par l'eau
    du torrent
l'écho effleure les cloches du givre
sans que je m'en rende compte, le crépuscule
    s'est déposé sur les montagnes émeraude
les nuages d'automne se sont accumulés, voilant
    on ne sait combien de rangées de montagnes

Si le ch'in est l'instrument favori du lettré, quand il s'agit d'exprimer musicalement son sentiment poétique il apprécie aussi de jouer ou d'écouter de la flûte, traversière et en bambou, et du pip'a, sorte de luth au son à la fois sec et véloce. Li Po encore :

254

nuit printanière à Lo-yang,
entendant une flûte

de quelle maison s'envole le son feutré d'une flûte
    de jade ?
le vent printanier le disperse, en emplit la ville
    de Lo-yang
cette nuit, à entendre l'air « cassons un rameau
    de saule[1]»,
personne en qui ne monte la nostalgie du pays natal

Po Chu-yi (772-846), «l'ermite du Mont parfumé», alors exilé à Chiang-chow, au bord du Long fleuve, composa et dédia ce long poème à une chanteuse et joueuse de pip'a :

le chant du pip'a, avec préface

La 10ᵉ année Yuan-ho, j'ai été exilé dans le district des Neuf affluents en tant qu'assistant-gouverneur. L'automne de l'année suivante, accompagnant un ami à l'embouchure de la Pen, dans la barque, la nuit, nous entendîmes quelqu'un jouer du pip'a. Le

---

1. Lors d'un adieu, on casse un rameau de saule.

son métallique avait l'accent de celui que l'on entend
à la capitale. J'interrogeai la personne, c'était une
ancienne courtisane de Ch'ang-an. Elle avait étudié
le pip'a avec les deux maîtres Mu et Tsao. Avec l'âge
sa beauté avait fané. Elle s'était confiée à un mar-
chand, elle était devenue sa femme. Je demandai
alors qu'on serve du vin et la priai de jouer plu-
sieurs airs. Les mélodies terminées, affligée elle resta
silencieuse. Puis elle raconta les moments joyeux de
sa jeunesse. Aujourd'hui, beauté fatiguée et errante,
elle voyageait sans cesse sur les fleuves et les lacs.
Exilé depuis deux ans, j'étais tranquille et content
de mon sort. Ému par ses mots, ce soir-là pour la
première fois j'ai éprouvé le sentiment de l'exil. J'ai
alors composé ce long poème et l'ai chanté en le lui
dédiant. En tout six cent douze caractères, je l'ai
intitulé « le chant du pip'a ».

à Hsun-yang, au bord du Fleuve, la nuit,
     pour dire adieu à un ami
les feuilles des érables, les roseaux en fleurs,
     dans l'automne « suo suo »
l'hôte descend de cheval, l'ami est dans la jonque
nous levons nos coupes et buvons, sans flûtes
     ni cordes

peinés par la séparation imminente, nous sommes
*   ivres sans être gais*
au moment de l'adieu la lune baigne dans
*   le vaste fleuve*
soudain on entend sur l'eau le son d'un pip'a
l'hôte en oublie de rentrer, l'ami de partir
vers l'endroit d'où vient le son, discrètement
*   je demande qui est en train de jouer*
le son du pip'a s'interrompt, une voix veut parler
*   mais hésite*
nous déplaçons la barque pour nous approcher
*   et l'inviter à nous rencontrer*
on ressert du vin, on rallume la lampe, l'agape
*   va recommencer*
après mille appels, dix mille sollicitations,
*   elle consent à apparaître,*
portant encore son pip'a qui lui cache la moitié
*   du visage*
elle tourne les chevilles et effleure les cordes,
*   deux ou trois notes*
avant même que la mélodie ne prenne forme,
*   le sentiment s'est déjà installé*
chaque corde gémit, chaque note pèse,
semblant raconter tous les déboires de sa vie

elle baisse les cils, sa main continue à jouer
     librement
elle conte les choses au fond de son cœur
sa main gauche presse légèrement, vibre lentement,
sa main droite descend puis remonte
elle joue d'abord « Robe d'arc-en-ciel » puis
     « Taille verte »
la grosse corde retentit comme la pluie battante
la petite corde est douce comme un chuchotement
     intime
retentissante et douce dans le jeu se mêlent,
comme de grosses perles et de petites perles tombant
     dans une assiette de jade,
le chant flûté d'un loriot glissant sur des fleurs,
une source gelée et gémissante ayant du mal
     à s'écouler
la source gelée, comme si la corde froide venait
     de se casser,
semble se figer, le son momentanément s'arrête
surgissent alors toute la tristesse enfouie et
     le remords refoulé
à ce moment-là le silence est plus fort que la musique
d'un vase en argent qui explose soudain
     un liquide jaillit
des cavaliers en armure chargent à l'improviste,

leurs épées et leurs lances résonnent
la mélodie est terminée, d'un trait elle tire le plectre
    vers son cœur
les quatre cordes sonnent comme de la soie
    qui se déchire
dans les barques à l'est et les jonques à l'ouest,
    un même silence
au milieu du fleuve, seule la lune blanche d'automne
songeuse, elle raccroche le plectre entre les cordes
elle arrange son vêtement et se lève, le visage grave
« à l'origine je suis une fille de la capitale
ma famille habitait au pied du Tombeau
    du crapaud
à treize ans j'ai appris le pip'a
mon nom figurait dans le groupe des meilleures
    musiciennes
quand ma mélodie se terminait, mes maîtres
    en restaient admiratifs
avec mon maquillage, j'étais souvent enviée par
    la belle dame Chiu
aux Cinq tombeaux[1] les hommes jeunes pour moi
    rivalisaient de générosité,

---

1. Les Cinq tombeaux sont le site des mausolées des empereurs Han de l'ouest (202 av.-9 apr.), près de Ch'ang-an.

pour un air ils ne comptaient plus la soie rouge
ils frappaient le rythme avec leurs épingles à cheveux
   incrustées de pierres précieuses qui se cassaient
ma jupe en soie de couleur sang était tachée par
   le vin renversé
cette année dans la joie et les rires, l'année prochaine
   il en serait de même
la lune d'automne et la brise du printemps
   passaient dans l'insouciance
mon jeune frère fut enrôlé dans l'armée, ma mère
   mourut
les soirs passaient, les matins revenaient, mon visage
   vieillissait
devant ma porte déserte les chevaux sellés
   se firent rares
vieillie, je suis devenue la femme d'un marchand
un marchand qui n'accorde de l'importance
   qu'au gain et se moque de la séparation
le mois dernier il est parti pour Fou-liang acheter
   du thé
depuis son départ, à l'embouchure du fleuve
   je garde la barque solitaire
tout autour de la barque, la lune claire sur l'eau
   froide du fleuve

au profond de la nuit souvent je rêve de mes années
  de jeunesse
dans le rêve je pleure, mon maquillage rouge
  se répand avec mes larmes »
en l'entendant jouer du pip'a déjà j'ai soupiré
en entendant maintenant ses paroles à nouveau
  je soupire
« nous sommes tous deux de malheureux exilés
  au bord du ciel
quand on se rencontre, pas la peine d'être
  d'anciennes connaissances
j'ai quitté la capitale l'année dernière
je vis en exil, allongé et malade, dans la ville de
  Hsun-yang
Hsun-yang est un endroit reculé, il n'y a pas
  de musique
une année sans entendre le son de la soie et
  du bambou
j'habite au bord du fleuve Pen, la terre est basse
  et humide
des roseaux jaunes et des bambous sauvages
  poussent autour de la maison
au milieu de cela, matin et soir qu'entends-je ?
les coucous s'égosiller à cracher le sang et les gibbons
  crier plaintivement

le matin sur le fleuve les fleurs du printemps,
*   la nuit la lune d'automne*
souvent, emportant du vin, je vais y boire, seul
ce n'est pas qu'il n'y ait ni chansons montagnardes
*   ni flûtes villageoises,*
mais c'est une cacophonie déplaisante à écouter
aussi cette nuit, à entendre le langage de ton pip'a,
comme écoutant une musique d'immortel,
*   mes oreilles momentanément se sont clarifiées*
ne refuse pas de t'asseoir à nouveau pour jouer
*   un air*
pour toi je vais écrire les paroles du chant du pip'a»
émue par mes mots, elle reste longuement debout
puis elle regagne son siège et tend les cordes
*   qui deviennent plus rapides*
le son plaintif ne ressemble pas à celui de
*   tout à l'heure*
les convives, écoutant à nouveau, se mettent
*   tous à pleurer en silence*
de tous ceux qui sont présents, qui pleure le plus?
c'est l'assistant-gouverneur de Chiang-chow,
*   sa robe bleue est toute mouillée*

Le lac Yi
(Wang Wei)

en jouant de la flûte nous traversons vers la rive
    lointaine
au soleil couchant je te raccompagne ami
sur le lac un instant on se retourne
à la montagne bleue s'enroulent les nuages blancs

Le pavillon dans les bambous
(Wang Wei)

seul, assis dans les bambous denses,
je joue du ch'in en sifflant longuement
dans la forêt profonde, nul ne le sait,
si ce n'est la lune brillante qui m'éclaire

À Han-tan, au Kiosque du sud, admirant les courtisanes
(Li Po)

elles chantent et frappent leurs tambours les filles
    de Yen et de Chao
les filles de Wei jouent de leurs flûtes et de leurs
    instruments à cordes
leur beauté est éclatante dans le soleil rayonnant
elles dansent, leurs manches frôlent les branches
    en fleurs
une coupe de vin à la main je m'approche
    d'une jeune beauté,
et l'invite à chanter une chanson de Han-tan
au son clair de la cithare la mélodie tournoie
les chansons s'enchaînent, sa chevelure de laque
    noire se libère
le prince Ping-yuan[1], où est-il maintenant ?
dans son étang antique seuls prospèrent
    quelques têtards

---

1. Le prince Ping-yuan (? - 253 av.) fut un grand homme
d'État qui sut réunir les talents du royaume. À sa table,
rapporte-t-on, trois mille invités se rassemblaient.

des trois mille convives à sa table,
pas un seul ne subsiste
si les hommes d'aujourd'hui ne se réjouissent pas,
les générations à venir pour eux s'attristeront

Sur la Terrasse de Ku-su[1], méditant sur l'histoire
(Li Po)

dans les antiques jardins de la terrasse en ruine
   les saules se raniment
les chansons des ramasseuses de châtaignes d'eau
   évoquent le printemps infini
sous la lune aujourd'hui, seul le Fleuve de l'ouest
jadis elle brillait sur les belles du palais du roi
   de Wu

---

1. Le palais et les pavillons de la Terrasse de Ku-su, sur le mont Ku-su, au sud-ouest de Su-chow, au bord du Long fleuve appelé ici Fleuve de l'ouest, furent construits jadis par le roi de Wu pour y organiser des festins avec ses concubines.

Dédié à Wang Lun
(Li Po)

Li Po, à bord de la jonque sur le point de partir
soudain sur le rivage s'élève un chant, rythmé
   par un tapement de pied
le Lac des fleurs de pêchers est profond
   de mille pieds,
moins profond pourtant que le sentiment d'adieu
   de Wang Lun

Amarrage nocturne au pied du mont Huang,
entendant Yen le quatorzième fredonner
un air de Wu
(Li Po)

la nuit dernière, qui fredonnait un air de Wu ?
le vent s'est levé dans dix mille ravins,
    faisant vibrer les forêts dépouillées
les dragons, effrayés, n'osaient s'allonger dans l'eau
de temps à autre on entendait l'écho du cri
    d'un gibbon dans la falaise
j'ai passé la nuit au mont Huang, au bord
    de la rivière émeraude sous la lune
quand j'ai entendu ce chant, sous les pins
    j'ai cessé de jouer du ch'in
ce matin, comme je m'en doutais, un ermite
    au bord de l'eau
j'achète du vin et apporte un plateau
    de châtaignes givrées
à demi ivre il entonne à nouveau le chant
    du fleuve et de la mer
la tristesse du voyageur dans la coupe soudain
    se dissipe

Aux Rives d'automne, sur le Ruisseau clair,
nuit de neige, un des convives devant le vin
imite le chant de la perdrix
(Li Po)

sur mes épaules un manteau en martre,
face au pichet de vin en jade blanc
les flocons de neige dans le vin fondent
soudain je ne sens plus le froid de la nuit
un des invités, qui vient de Kuei-yang,
imite le chant de la perdrix des montagnes
le vent clair à la fenêtre agite les bambous
les oiseaux de Yue se lèvent et s'interpellent
tout cela suffit pour nous rendre joyeux,
inutile de souffler dans les orgues à bouche

Visite au temple Feng-hsian à Long-men
(Tu Fu)

je viens de me promener dans le monastère,
je compte y passer la nuit
dans l'ombre des ravins naît la brise
de la lune la forêt disperse les rayons clairs
sous la voûte céleste les astres semblent proches
allongé dans les nuages, mon vêtement est froid
au moment où je me réveille j'entends la cloche
    de l'aube
elle m'inspire une profonde compréhension

好聽琴

本性好絲桐　塵機聞即空

一聲來耳裡　萬事離心中

清暢堪銷疾　恬和好養蒙

尤宜聽三樂　安慰白頭翁

Adorant écouter du ch'in

Adorant écouter du ch'in
(Po Chu-yi)

ma nature aime le ch'in en paulownia
    tendu de soie
dès que j'écoute du ch'in, mes préoccupations
    mondaines s'estompent
une note arrive à mes oreilles,
dix mille tracas quittent mon cœur
limpide et gracieux, il guérit toutes maladies
tranquille et doux, il nourrit l'ermite
particulièrement à écouter l'air des « trois joies »,
en est consolé le vieillard à la tête blanche

Savourant le tao
(Po Chu-yi)

en me levant le matin je claque des dents
    dans la cour d'automne silencieuse
le soir je brûle de l'encens et m'assois
    en méditation face à la fenêtre sombre,
avec le canon taoïste en sept chapitres[1] détaillant
    les histoires des immortels,
et un rouleau du soutra de la Plate-forme[2]
    qui parle du cœur du Bouddha
à ce jour j'ai bien compris que les phénomènes
    sont illusoires,
qu'innombrables sont les êtres humains recouverts
    par la poussière extérieure
je regrette que quelques mauvaises habitudes
    traînent encore
j'aime réciter des poèmes badins et j'adore écouter
    du ch'in

---

1. Classique taoïste rédigé par le célèbre maître taoïste
Tao Hong-ching (456-536).
2. Le *Soutra de la Plate-forme* relate les sermons de Hui-
neng (683-713), le sixième patriarche du zen.

Goûtant le vin nouveau
(Po Chu-yi)

le ventre vide, je goûte le vin nouveau
de façon inattendue pour un matin, me voilà ivre
ivre, je m'enveloppe dans un manteau en peau,
et m'endors jusqu'à mon repas de légumes
un sommeil profond, sans parler ni rire
un vrai repos, sans rêve
j'oublie presque mon corps
comment savoir si j'appartiens encore au ciel
    et à la terre?
au réveil, les traces du vin ne se sont pas encore
    dissipées
je me lève, m'assois tranquillement, je n'ai rien
    de spécial à faire
j'étends les bras et m'étire
je sors mon ch'in et me mets à jouer
    «Sentiment d'automne»

Mon ch'in
(Po Chu-yi)

mon ch'in est posé sur une table en bois noueux
assis paresseusement me vient l'envie d'exprimer
    mon sentiment
il n'est pas indispensable que mes doigts
    l'effleurent
le vent soufflant sur les cordes improvise un air

Écoutant des chansons
(Po Chu-yi)

flûtes merveilleuses, cordes limpides, les chants
    s'élèvent dans les nuages
le vieillard ferme les yeux dans la volupté
    de l'ivresse
certes, je sais que cela n'a rien à voir
    avec ce que j'ai écouté jadis
mais je sais aussi en les entendant que c'est mieux
    que de ne rien entendre du tout

Le banquet vient de se terminer
(Po Chu-yi)

le petit banquet en quête de fraîcheur vient de
    se terminer
marchant sur le pont horizontal, je rentre
    sous la lune
dans le pavillon, les orgues à bouche et les chants
    se sont arrêtés
on descend les torches du belvédère
c'est la fin de la chaleur, les cigales semblent
    pressées d'en finir
le nouvel automne ramène les oies sauvages
pour accueillir le sommeil naissant,
avant de me coucher je bois une dernière coupe

Entendant un chanteur chanter
un poème de Yuan Chen[1]
(Po Chu-yi)

tu as cessé d'écrire de nouveaux poèmes,
    ton renom s'est dissipé
tes vieux recueils, couverts de poussière,
    sont enfermés dans une caisse en bambou
de temps à autre, dans les chansons j'entends
    un de tes poèmes
avant même d'écouter, j'ai déjà le cœur brisé

---

1. Yuan Chen est mort huit années auparavant.

Le chant des bambous
(Tang Yan-chian)

ivre je m'allonge, le froid qui me pénètre jusqu'à
    l'os me purifie
sur le lit en pierre la natte en bambou est glaciale,
    difficile ainsi de rêver
la lune est claire, dans le silence du milieu
    de la nuit le murmure commence
je le prends pour le son de la pluie, en fait
    c'est le bruit du vent

Li Wei joue de la flûte avec préface
(Su Tung-po)

Le 19ᵉ jour du 12ᵉ mois de l'année yuan-feng est le jour de mon anniversaire. J'ai organisé un banquet sur la Falaise rouge. On s'installe sur un haut rocher qui surplombe les nids des pies. Au moment où l'on commence à s'enivrer, le son d'une flûte s'élève du fleuve. Parmi les convives il y a messieurs Kuo et Shi, tous deux amateurs de musique, qui font remarquer : « Cette musique de flûte est pleine de fraîcheur, ce n'est pas là l'œuvre d'un homme vulgaire. » Je demande à quelqu'un d'aller voir. C'est le lettré Li Wei, qui, en apprenant que c'est mon anniversaire, a composé pour l'occasion un nouveau morceau intitulé « la grue vole vers le sud » qu'il me dédie. Je l'invite à nous rejoindre. Il se présente coiffé d'un bonnet bleu et vêtu d'une fourrure pourpre, sa flûte à la main. Il joue sa nouvelle composition puis d'autres s'ensuivent. La musique résonne à travers les nuages et perce les rochers. Tous les convives, affalés ivres, en sont enchantés. Il sort alors de sa manche une feuille de beau papier et me dit : « Je

*n'ai rien d'autre à vous demander qu'un poème qui
me comble. »* J'accède volontiers à sa demande.

la grue solitaire en haut du pic vers le sud
     va s'envoler,
me transportant dans son voyage vers les monts
     du sud Chiu-yi
mais qui, dans le monde des mortels, joue ainsi
     de la flûte ?
prodigieuse est son interprétation des mélodies
     antiques de Kusha[1]

---

1. Kusha est un ancien royaume bouddhiste sur la Route
de la soie, proche du bassin de Tarim.

Le Mont en or, composé dans le rêve
(Su Tung-po)

comme un marchand de l'est du Fleuve,
   en manteau de kapok
le banquet terminé, sur le Mont en or le clair
   de lune inonde le pavillon
au milieu de la nuit la marée monte, le vent
   persiste
allongé dans la jonque, je souffle dans ma flûte
   jusqu'à Yang-chow

度浮橋至南臺

客中多病廢登臨　聞說南臺試一尋

九軌徐行怒清上　千艘橫繫大江心

寺樓鐘鼓催昏曉　墟落雲煙直古今

白髮未除豪氣在　醉吹橫笛坐榕陰

*Traversant le pont flottant j'arrive
à la terrasse du sud*

Traversant le pont flottant j'arrive
à la terrasse du sud
(Lu Yu)

en voyage, souffrant je m'interdis de visiter
     des sites
ayant entendu parler de la terrasse du sud,
     je tente néanmoins de m'y rendre
prudemment je traverse le grand pont au-dessus
     des flots agités
mille jonques se mettent en travers au milieu
     du grand fleuve
les cloches et les tambours du temple sonnent
     pour annoncer le crépuscule
les fumées des villages montent tout droit
malgré mes cheveux blancs mon ardeur
     est toujours intacte
ivre, je joue de la flûte traversière à l'ombre
     d'un banyan

Dans la Salle de la tortue,
divers plaisirs
(Lu Yu)

jeune j'ai séjourné au milieu de la cour
    et du marché
les propos vulgaires s'entremêlaient à m'en casser
    les oreilles
comment deviner alors qu'aujourd'hui
    je connaîtrais la quiétude et le repos ?
dormant tranquillement, toute la nuit j'entends
    le vent dans les pins

Entendant une flûte
(Lu Yu)

la neige volette, après quelques flocons
    déjà l'éclaircie
à travers les tuiles percées le givre sévère
    accompagne la lune lumineuse
soudain j'entends une mélodie, un homme
    au cœur noble joue de la flûte
à la fenêtre s'y accorde ma voix qui scande
    un livre

Journée d'été
(Lu Yu)

au bord de la rivière en crue, le vent frais effleure
    mon visage
la lune s'est couchée, un essaim d'étoiles remplit
    le ciel
quelques barques de guingois dans la crique
d'une flûte une mélodie s'élève sur la montagne
    en face

Mon jeune fils joue avec de la glace
(Yang Wan-li)

mon jeune fils détache de la bassine en bronze
    la glace matinale
il y passe un fil de soie en couleur et la suspend
    comme un gong en argent
il frappe, un carillon de jade résonne à travers
    le bosquet
soudain, le bruit du cristal qui se brise par terre

Le batelier joue de la flûte
(Yang Wan-li)

aucun vent sur le long fleuve, l'eau est lisse
    et verte
nulle ride, nul pli
un regard d'est en ouest, la lumière flotte
    dans l'air
mille arpents de jade immaculé et étincelant
sur la jonque un batelier s'ennuie de n'avoir rien
    à faire
ivre il sort sa flûte traversière, son souffle exhale
    nuages et nuées
le son long et limpide s'élève jusqu'au ciel
dans la montagne les gibbons crient sous la lune,
    le torrent cascade
un autre frappe un petit tambour en peau
    de mouton
sa tête comme un pic bleu, ses mains comme
    la pluie
au milieu du courant soudain un grand poisson,
brisant le cristal, saute à plus de dix pieds de haut

7. Visite à un maître

L'idéogramme 道, transcrit phonétiquement « tao » par l'occident alphabétisant, est composé du radical 辶 « marcher pas après pas », qui vient lui-même du pictogramme représentant un chemin, et de 首 « la tête », qui dérive du pictogramme représentant un œil en train de regarder. 道 désigne donc l'événement (et non la chose) suivant : quelqu'un marche sur un chemin, un pas après l'autre, dans la pleine intelligence du regard qui contemple. 道 signifie à la fois chemin, voie, loi et principe de l'univers. Pour les célèbres sages et philosophes taoïstes Lao-tzu 老子 (5ᵉ siècle av. notre ère), auteur légendaire du *Classique du tao et de ses vertus*[1] 道德經, et Chuang-tzu[2] 莊子 (4ᵉ siècle av.), il signifie la

1. *Lao-tzu, le vieux sage, le Classique du tao et des ses vertus*, Éd. Moundarren, 2010.

2. *Chuang-tzu, Tao l'accord au monde*, Éd. Moundarren, 2008.

manière d'être, d'agir et de penser la vie et le monde selon l'harmonie spontanée et organique, immanente, de la nature. Il est à la fois le cours des choses et l'énergie primordiale au cœur du cours des choses, et par extension la voie spirituelle de l'accord au cours des choses, au flux de l'instant éternellement présent. Devant une telle richesse de sens, toute recherche d'un équivalent en langue d'Occident s'avère vaine. Optons donc pour la transcription phonétique *tao*, comme on l'a fait par exemple pour le *thé*.

au milieu de ma vie je me suis épris du tao
sur mes vieux jours j'habite au pied de la montagne
    du sud

Le ch'an (zen en japonais) est le produit subtil et radical de l'infusion de l'enseignement du Bouddha dans la pensée taoïste chinoise de Lao-tzu et Chuang-tzu. Il connut son âge d'or en Chine entre les 7ᵉ et 9ᵉ siècles, avec les grands maîtres Hu-neng, Ma-tsu, Po-chang, Huang-po et Lin-tsi. Les temples où ils enseignaient attiraient peintres et poètes, qui puisaient là une profonde inspiration créatrice. Le mot ch'an 禪 est la transcription phonétique chinoise du sanscrit *dhyana*, « contemplation ». Zen en est la transcription japonaise. Pour le ch'an, le zen donc, seul importe l'éveil à l'identité de notre nature véritable, originelle, et de l'univers, l'expérience de l'identité du monde phénoménal et de l'absolu. Quand on comprend que « fondamentalement rien » comme disait le maître Feng-kan[1] (8ᵉ siècle), on peut lâcher philosophiquement prise et s'accorder au cours des choses. Cette expérience s'accompagne d'une intense sensation de liberté et de compassion envers le monde. À travers nous l'univers se contemple, se réfléchit. Réfléchir, c'est refléter le monde.

dans ses yeux célestes se reflètent montagnes
   et fleuves
dans son corps saint s'incarne l'univers

comme l'écrit Wang Wei (8ᵉ siècle) à propos d'un maître à qui il vient de rendre visite.

Les poèmes rassemblés dans ce chapitre sont, en quelque sorte, des réponses à la question fondamentale sur la vérité, la réalité ultime. Un

---

1. Feng-kan avait pour habitude de se déplacer en chevauchant un tigre.

moine demanda à maître Feng-hsueh (896-973) :
« Si parole et silence sont tous deux irrecevables,
comment passer outre ? » Feng-hsueh répondit :
« Je me rappelle encore le Sud du fleuve au
troisième mois, le cri des perdrix et le parfum de
cent fleurs. »

Dans la même veine, maître Ta-yang (943-
1027) composa :

auparavant ma façon d'étudier la voie
    était confuse
je cherchais la compréhension au bord des torrents
    de montagne
mais l'immédiate clarté ne saurait en aucun cas
    être pourchassée
pour parler directement, le non-esprit engendra
    encore plus d'illusion
c'est alors qu'un maître me révéla ma situation,
illuminant l'époque d'avant même la naissance
    de mes parents
maintenant, tout s'étant réalisé, qu'ai-je atteint ?
la nuit, corneilles et coqs volent librement
    au milieu de la neige

Dans l'instant (étymologiquement se tenir dans, être debout dans), au cœur des circonstances, s'épanouit l'extase où homme et univers se réfléchissent, au point adamantin où immanence et transcendance se rejoignent. Debout au milieu du chemin où l'on marche, un pas après l'autre, en contemplant le monde. Ce chemin, généralement en montagne, des poètes l'ont décrit, qui nous convient à emprunter leurs pas et à partager leur extase. Souvent, au bout du chemin, la rencontre avec un immortel 仙, c'est-à-dire étymologiquement en chinois un « homme-montagne », ou avec un maître dans son ermitage en montagne, comme celle relatée par le poète Wang Chang-ling (698-792) :

composé dans l'ermitage d'un moine

les fleurs des palmiers jonchent la cour
la mousse pénètre dans la salle silencieuse
tous deux ensemble, transcendant concept et parole
dans l'air flotte un parfum extraordinaire

C'est ce parfum, le parfum caractéristique du tao et du zen, le parfum de la liberté absolue, qu'exhalent les poèmes qui suivent.

Composé dans l'ermitage de maître Yi
(Meng Hao-jan)

maître Yi pratique la contemplation
il a bâti sa demeure en lisière d'une haute forêt
au-delà du seuil, un pic splendide
devant le perron, de nombreux ravins profonds
le soleil se couche, la pluie abondante ne cesse
une lumière émeraude descend dans la cour
    ombragée
à contempler les lotus, quelle pureté!
le cœur en est lavé de toute souillure

Rendant visite au maître de l'étang
aux chrysanthèmes, sans le rencontrer
(Meng Hao-jan)

je marche jusqu'à l'étang aux chrysanthèmes
à l'ouest du village le soleil déjà se couche
le maître est parti dans la montagne
seuls quelques poulets et un chien devant
   sa maison déserte

Visite à l'ermitage du moine Yong
(Chi Wu-ch'ien)

au sommet de la montagne la salle de méditation,
    sa robe de moine est accrochée
dehors personne, au-dessus du torrent
    les oiseaux volettent
au crépuscule, à mi-chemin en redescendant
    le sentier de la montagne,
soudain le son de la cloche, à la montagne
    émeraude il se mélange

Visite au moine Kuang-hsuan au Pavillon rouge
sans le rencontrer, composé en guise de message
(Li Yi)

les feuilles des kakis tournent au rouge, paysage
    de givre d'automne
au ciel émeraude comme de l'eau s'appuie
    le Pavillon rouge
par une ouverture j'aperçois des bambous
    ravissants, personne pour en jouir
je fais demander au voisin un crochet
    pour ouvrir le portail

寄崇梵僧

崇梵僧　崇梵僧　秋歸覆釜春不還

苔花啼鳥紛紛亂　澗戶山窗寂寂閑

峽裡誰知有人事　郡中遙望空雲山

Adressé au moine Chong-fan

Adressé au moine Chong-fan
(Wang Wei)

moine Chong-fan, moine Chong-fan,
en automne tu t'es retiré sur le mont
    de la Marmite renversée, au printemps
    tu n'es pas encore de retour
les pétales des fleurs tombent, les oiseaux
    chantent confusément
un torrent à ta porte, les montagnes à ta fenêtre,
    le silence est serein
au milieu des gorges que sait-on des affaires
    des hommes?
de mon bureau, au loin je regarde les nuages
    sur les montagnes vides

Visite au moine Tan-hsing dans son ermitage
montagnard au monastère de la Reconversion
(Wang Wei)

au crépuscule, prenant ton bâton en bambou,
tu vas m'attendre en haut du torrent du Tigre
tu presses ton invité, l'orage tonne
    dans la montagne
nous regagnons ta demeure en suivant le cours
    de l'eau
les fleurs sauvages s'épanouissent en bouquets
    splendides
dans la vallée, le cri solitaire d'un oiseau
la nuit, assis en méditation dans la forêt vide
    et silencieuse,
le bruissement des pins ressemble à celui
    de l'automne

Journée de printemps, dans la cellule
du maître, décrivant ce qui se passe
(Wang Wei)

il aime lire les biographies des moines éminents,
et observe la plupart du temps un régime
    sans céréale
sur sa canne est sculptée une tourterelle
son lit est soutenu par des carapaces de tortue
sur la montagne printanière scintille la couleur
    des saules
au crépuscule les oiseaux se cachent
    dans les poiriers en fleurs
à la fenêtre au nord, à l'ombre du pêcher
    et du prunier,
assis tranquillement je brûle de l'encens

Visite au monastère de la Compréhension
(Wang Wei)

le sentier au milieu des bambous commence
    dans les terres basses
du pic de Lotus émerge cette cité magique
de la fenêtre on embrasse les trois pays de Ch'u
au-delà de la forêt les Neuf affluents[1]
    se rejoignent
dans les herbes tendres, assis jambes croisées
sous les hauts pins résonne la psalmodie
résidant dans le vide, au-delà des nuages
    de la doctrine,
à contempler le monde on atteint
    la non-naissance[2]

---

1. Les Neuf affluents sont le site, près de Hsun-yang, où neuf rivières se rejoignent avant de se jeter dans le Long fleuve.

2. Atteindre la non-naissance, c'est réaliser l'éternité de notre nature originelle.

Visite au monastère du Parfum accumulé
(Wang Wei)

j'ignore où se trouve le monastère du Parfum
    accumulé
à peine quelques li, déjà je pénètre dans les nuages
    au milieu des pics
sur le sentier au milieu d'arbres antiques, personne
dans la montagne profonde, d'on ne sait où
    le son d'une cloche
la source susurre entre les grands rochers
la lumière du soleil est refroidie à travers
    les pins verts
au crépuscule l'étang est désert
dans la quiétude contemplative le dragon
    venimeux[1] se laisse apprivoiser

---

1. En d'autres termes l'esprit de manigance égocentrique.

assemblée au temple du Dragon bleu[1],
autour du vénérable moine Tan-pi
(Wang Wei)

de ce spacieux monastère sur une hauteur,
le vide est sans limites
assis, on voit des cavaliers sur la route au sud
on entend en bas les coqs du pays Chin
loin, loin là-bas, une fumée solitaire s'élève
luxuriants à l'horizon des arbres rassemblés
au-delà de dix mille foyers, les montagnes vertes
le soleil se couche à l'ouest des Cinq tombeaux[2]
le champ de vision est libre de toute souillure
le cœur libre, impossible de persister
     dans l'illusion

1. Le temple du Dragon bleu est au sud de Ch'ang-an,
alors capitale impériale.
2. Les Cinq tombeaux sont le site des mausolées des empereurs Han de l'ouest (202 av.-9 apr.), près de Ch'ang-an.

Visite à un taoïste du mont Tai-tien
sans le rencontrer
(Li Po)

un chien aboie, le bruit de l'eau
les fleurs des pêchers, imprégnées de rosée,
    sont ardentes
au profond de la forêt parfois j'entrevois
    une biche
au bord du ruisseau, à midi, ne retentit
    nulle cloche
les bambous sauvages percent la brume bleue
une cascade est suspendue au pic émeraude
nul ne sait où il est parti
songeur je m'appuie à deux ou trois pins

Composé lors d'une visite à un moine
de la montagne sans le rencontrer
(Li Po)

le sentier pavé de pierres pénètre dans un val
    de cinabre
le portail en branchages de pin est bloqué
    par de la mousse verte
sur le perron désert, des traces d'oiseaux
dans la salle de méditation, personne pour ouvrir
je regarde par la fenêtre, une brosse blanche,
couverte de poussière, est accrochée au mur
vaine visite, je soupire
sur le point de repartir, je musarde un moment
des nuages parfumés s'élèvent de la montagne
une pluie de pétales de fleurs tombe du ciel
joyeuse est la musique céleste
plus encore, les cris plaintifs des gibbons
allègre, dégagé des affaires du monde,
ici je me sens, enfin, vraiment à l'aise

Inscrit dans l'ermitage du maître
du Torrent de l'est
(Li Po)

le sage de Tu-ling, un homme pur et intègre,
au Torrent de l'est par divination s'est installé,
   il y a des années qu'il s'y attarde
sa demeure est près de la Montagne verte,
   comme Hsieh Tiao
devant le portail pendillent les branches des saules
   émeraude, comme Tao Yuang-ming[1]
de beaux oiseaux chantent dans la cour
   pour accueillir le printemps
les pétales de fleurs volent, accompagnant le vin
   ils dansent sous l'auvent
quand l'invité arrive il comprend aussitôt
   qu'il sera retenu jusqu'à l'ivresse
dans le plat rien que du sel[2], comme du cristal

---

1. Hsieh Tiao (464-499) et Tao Yuan-ming (365-427), le maître des Cinq saules, sont deux grands poètes.
2. Pour accompagner le vin, on suce de la fleur de sel, elle clarifie l'ivresse.

Visite à maître Yong dans son ermitage
(Li Po)

parmi une foule de pics émeraude qui frôlent
    le ciel,
tu vis librement, oubliant les années
écartant les nuages je suis un sentier antique
m'appuyant aux arbres j'écoute couler les sources
dans la tiédeur des fleurs des buffles noirs
    sont couchés
à la cime des pins des grues blanches dorment
tandis que nous parlons, sur le fleuve se déposent
    les couleurs du crépuscule
seul, je redescends dans la brume froide

Visite à Lu Hung-ch'ien sans le rencontrer
(Chia Yan)

tu as déménagé près du rempart de la ville,
    pourtant,
le sentier est sauvage, au milieu des mûriers
    et du chanvre
récemment tu as planté des chrysanthèmes
    le long de la haie
l'automne arrive, ils n'ont pas encore fleuri
je frappe au portail, aucun chien n'aboie
sur le point de partir j'interroge le voisin à l'est
il répond : « il est parti dans la montagne,
il revient toujours quand le soleil décline »

夏日訪貞上人院

炎夏尋靈境　高僧澹蕩中

命棋隈綠竹　盡日有清風

流水離經閣　閒雲入梵宮

此時祛萬慮　直似出塵籠

*Journée d'été, rendant visite au vénérable
maître Ching dans son monastère*

Journée d'été, rendant visite au vénérable
maître Ching dans son monastère
(Chu Hsung-yu)

en pleine canicule, je me rends en ce lieu enchanté
le moine éminent vit dans l'insouciance
il a fait installer un jeu d'échecs dans un recoin
   de bambous verdoyants
toute la journée il y a là du vent frais
l'eau s'écoule du pavillon des soutras
les nuages oisifs pénètrent dans le temple
à ce moment-là, libéré des dix mille soucis,
je m'échappe de la cage du monde de poussière

Visite à un ermite sans le rencontrer
(Chia Tao)

au pied d'un pin, j'interroge un jeune garçon
il répond : « le maître est parti cueillir des herbes
je sais seulement qu'il est dans la montagne
les nuages sont profonds, on ne sait où »

Adressé au maître zen Nuages et eaux
(Ch'ien Chang)

de mille pics surgit l'émeraude froide
le temple antique s'élance vers les nuages
    d'automne
homme noble, tu vis en réclusion,
sans te préoccuper des affaires du monde
ta pierre de méditation est recouverte de mousse
    verte,
ta bure de patriarche imprégnée de pureté
parfois tu vas te promener jusqu'au torrent,
tenir compagnie aux oiseaux et aux gibbons

Passant la nuit au temple Hai-hui
(Su Tung-po)

trois jours dans un palanquin en bambou
    à cheminer dans les montagnes
les montagnes sont belles certes, mais dégagées
    et plates en de rares endroits
en bas se jettent les Sources jaunes[1], en haut
    le ciel d'azur
le sentier, comme un fil, aux singes il faut disputer
les pavillons sont nichés au bord du précipice
nos cuisses sont courbaturées, nos intestins
    affamés grognent
au nord nous traversons un pont volant, nos pas
    résonnent «pang kang»
un mur de cent pas entoure cette résidence
    antique
on frappe la grande cloche, mille doigts
    m'accueillent
le visiteur est reçu dans le grand hall, cette nuit
    on ne ferme pas la porte

---

1. Les Sources jaunes sont le séjour légendaire des morts.

dans une cuve en cèdre, avec un seau laqué
    on déverse de l'eau du torrent
bien qu'originellement sans souillure, une fois
    lavé on se sent plus léger
je m'écroule sur le lit et bientôt ronfle
    à en réveiller mes quatre voisins
le tambour de la cinquième veille gronde,
    il ne fait pas encore jour
d'un son net et clair le mo yu[1] appelle
    pour la bouillie de riz
aucune voix, juste le bruit des socques

---

1. Le *mo yu* est un morceau de bois creux, en forme de poisson, que l'on frappe avec un maillet en bois.

passant la nuit au temple
de la Terre pure, à Lin-an
(Su Tung-po)

les coqs chantent quand je quitte Hang-chow
il est déjà midi quand j'arrive au temple
pour la méditation, on verra plus tard
avant toute autre chose je mange
    pour me rassasier
de toute ma vie je n'ai jamais assez dormi
à la hâte on a balayé une chambre, y circule
    un vent frais
quand je referme la porte, l'agitation aussitôt cesse
d'un encens en spirale monte une mince volute
    de fumée
au réveil, je fais bouillir de l'eau de la source
    du rocher
le thé aux bourgeons pourpres infuse, un nectar
    blanc et délicat
après le bain naît la fraîcheur du soir
mes cheveux grisonnants sont clairsemés,
    on peut les compter
je chante à voix haute en franchissant le portail

la couleur du crépuscule descend sur le village
la lune pâle est à moitié cachée par la montagne
les feuilles de lotus rondes rivalisent à renverser
    leur rosée
nous nous rencontrons sur le pont en pierre,
toute la nuit avec un vieil ami nous devisons
le lendemain matin nous nous rendons
    à son ermitage sur la montagne
un rocher lisse comme un miroir barre le chemin
autrefois il reflétait la silhouette des ours
    et des tigres,
aujourd'hui singes et oiseaux viennent s'y mirer
décadence, prospérité, inutile de se lamenter
dix mille générations, un bref instant

Index alphabétique des poètes

DES MÊMES AUTEURS

Aux Éditions Albin Michel

Li Po, l'immortel banni sur terre, buvant seul sous la lune
L'art de la sieste et de la quiétude
365 haïkus, instants d'éternité
Bashô, maître de haïku

Aux Éditions Moundarren

Les grands poètes chinois (portrait & poèmes) :

Han-shan, merveilleux le chemin de Han-shan
Wang Wei, le plein du vide
Su Tung-po, rêve de printemps
Tu Fu, une mouette entre ciel et terre
Tao Yuan-ming, l'homme, la terre, le ciel
Yang Wan-li, le son de la pluie
Po Chu-yi, un homme sans affaire
Lu Yu, le vieil homme qui n'en fait qu'à sa guise
Yuan Mei, divers plaisirs à la villa Sui
Chia Tao, immortel vagabond

Anthologies de poésie chinoise :

Tao poèmes
Éloge de l'ivresse, le tao du vin et ses vertus
De l'art poétique de vivre en automne

On se les gèle, haïkus d'hiver
Ah ! le printemps, haïkus de printemps
Le chat et moi
Haïkus du bord de mer
L'extase du papillon
L'épouvantail
Bonne année
Ah ! Matsushima, l'art poétique du haïku
Zen haïkus

Textes philosophiques :

Lao-tzu, le Vieux Sage, le Classique du tao et de ses vertus
Chuang-tzu, Tao l'accord au monde
Éloge de rien/carrément zen, recueil de propos
    des maîtres zen
Dieu & moi, traité de l'enthousiasme

EXTRAITS DU CATALOGUE

Spiritualités vivantes

Espaces libres

Composition IGS
Impression CPI Bussière en mai 2011
à Saint-Amand-Montrond (Cher)
Editions Albin Michel
22, rue Huyghens, 75014 Paris
www.albin-michel.fr

ISBN 978-2-226-22153-7
ISSN : 0755-1835
N° d'édition : 19807/01. – N° d'impression : 111607/1.
Dépôt légal : juin 2011.
Imprimé en France.